我该怎么办？

纠结、困惑，人生时时刻刻都在抉择

袁洁平 著

向老天要答案

化解21世纪人类种种灾难和困惑

全世界70多位诺贝尔获奖者一致认可的破解方法

上海三联书店

图书在版编目(CIP)数据

我该怎么办？向老天要答案/袁洁平著. —2 版. —上海：上海三联书店，2016. 4
ISBN 978 - 7 - 5426 - 5311 - 6

Ⅰ. ①我… Ⅱ. ①袁… Ⅲ. ①人生哲学－通俗读物 Ⅳ. ①B821 - 49

中国版本图书馆 CIP 数据核字(2015)第 210235 号

我该怎么办？向老天要答案

著　　者 / 袁洁平

责任编辑 / 姚望星
装帧设计 / 鲁继德
插　　画 / 欣　欣
监　　制 / 李　敏

出版发行 / 上海三联书店
(201199)中国上海市都市路 4855 号 2 座 10 楼
网　　址 / www.sjpc1932.com
邮购电话 / 021 - 22895559
印　　刷 / 上海望新印刷有限公司

版　　次 / 2016 年 4 月第 2 版
印　　次 / 2016 年 4 月第 1 次印刷
开　　本 / 889 × 1194　1/32
字　　数 / 12 千字
印　　张 / 7
书　　号 / ISBN 978 - 7 - 5426 - 5311 - 6/B · 432
定　　价 / 24.00 元

人法地
地法天
天法道
道法自然
——《道德经》

早在1982年，全世界有70多位诺贝尔奖获得者，在联合国举行会议，共同商讨二十一世纪化解人类种种灾难的好方法，他们的结论是：人类必须回到2500年前的中国，在中华传统文化的经典中，才能找到解救的方法。

中华传统文化就是中华民族的精神和灵魂，它最重要的核心，就是中华文明的价值观，它是我们这个民族千年万世以来的源头，它告诉我们从哪里来，我们是谁？我们未来要向哪里去，是我们这个民族最根本的依靠，它也是历朝历代治国安邦的立国之本，它是千年万世以来，每一个家庭和睦兴旺的法宝，它也是从古至今，每一个人安身立命的指导原则。它也是全世界唯一没有断绝过的民族命脉。

这个世界公认的最灿烂的文明就是：儒家，佛家，道家。这个文明的核心价值观就是仁爱。这个文明的核心世界观就是自然规律。

《道德经》中有一句话概况了这个核心世界观："人法地，地法天，天法道，道法自然。"意思是：人类效法大地，大地效法上天，上天效法道，道就是自然规律，自然而然，自己本来的样子。

因此，人有困惑，向老天要答案，其实就是问道，而道即自然规律。人只有遵循自然规律才能达到身心和谐。

老天不是人也不是神，它是中华文化信仰体系的一个核心，狭义地讲仅指我们头顶上的天；广泛意义上的天，就是自然、宇宙、道。

道是宇宙之中一切事物的客观运动规律，是真理，自然本有，并非人神创造。

自然规律也叫自然法则，是宇宙间一切存在和运动的基本法则，人不能任意改变、创造或消灭它，这个自然法则就是道。

天地有大美
四时有明法
万物有成理
生有涯而知无涯

——麦肯国际集团副总裁　莫康孙（老莫）

人生最重要的是过程而非结果

——上海盈加广告有限公司董事长　袁洁平

目录

第三个怎么办：面对工作的困惑

第四个怎么办：面对家庭的困惑

第五个怎么办：面对生活的困惑

【推荐序】

老天发来了E-mail

顾铭瑞

有道是："人在做，天在看。"与袁洁平君相识是冥冥之中老天的安排，是我生命中的一种机缘，一种福报。曾记得，一位哲人说过："在这个广袤的世界上，一个人与另一个人相遇的可能性只有千万分之一，成为朋友的可能性大约是两亿分之一。"但就是这个微乎其微的概率，"老天"给我发来了一份E-mail。

我的同道好友韩孝平先生，向我的电脑中发了一份邮件，他告诉我，一个名叫袁洁平的创意人值得您见一下，他出版了一本另类创意书《走吧走吧，我们出轨去：袁洁平对创意的胡言乱语》，震撼了教育界，现在又将出版另一本新书《我该怎么办：向老天要答案》，电脑中他转发了这本书的清样，让我得以一阅。

我是一个大学教授，本是一个"书痴"，且每日里忙于选书，购书，读书，同时也写书。不过，我所选，所读之书是有严格选择的。我心目中的好书必须是"三有"：有思想、有知识、有现实意义。天地有正气，我常常用这把尺子去衡量这三十多年来所读之书，对于那些"三无"之书，我是一概不去读的。而眼下这本书，就这书名就已经吸引到我，当我认真读了袁洁平君所写的这本新书后，禁不住热泪盈眶，他竟然对人类这么深奥的人生命题，能用这么浅显易懂的方式呈现出来，是吾辈自叹不如的。沉思良久之后，推开窗户，仰望星空，深深的感叹：苍天自有醍醐在人间，内心深深感谢我们智慧的中华祖先古贤圣人一直在关注着我们这些炎黄子孙……

现代人生活在这个浮躁现实的社会，一方面对物欲越来越膨胀，另一方面思想却越来越空虚和迷惘，一生中，不知有多少的困惑面向苍天发问：我该怎么办？

读了这本力作，我眼前立刻浮现出《六祖坛经》的作者，慧能法师的身影。慧能幼年丧父，家境贫寒。稍长，每日靠卖柴为生。宋龙翔元年，因听人诵《金刚经》而开悟，在拜师弘忍禅师受业期间，以一首“菩提本无树，明镜亦非台，本来无一物，何处惹尘埃”之偈得弘忍法师的赞赏，被付与禅宗东土初祖菩提达摩所传的袈裟，成为禅宗第六代祖师。有一次，慧能正在讲经时，风雨大作，旗幡被风吹动。当时在场有两个和尚就辩论起来。一个说：“是风在动，没有风，幡就不会飘起来”，另一个说：“是幡在动，只有风，不会有幡动的。”慧能听了就说：“不是风动，也不是幡动，是你们两个人的心动了！”我曾在广东海锺寺见过一副对联，上写：“东土邪？西土邪？古木灵根不二；风动也，幡动也？清池碧水甚然”。这副对联就记录了上述故事。这个故事生动地告诉人们，人世间的一切问题，也就如我所敬佩的袁洁平君，在这本书中列举的98个困惑，其实都是人们心中博弈的问题：人如果心安宁了，风和幡就不动，心中仍然是碧水蓝天，一片光明，其问题的根源恰恰就在人们的这颗心。

我急切地和袁洁平君见了面，正如我所料，书如其人，他是一个不折不扣的儒商，但他的思想并不迂腐陈旧，他所悟的万物平衡、总量不变、物质不灭、弹簧理论，以及得即失、有即无、色即空等智慧思想，涵盖了儒释道各家。我和他一谈就是六七个小时，我被他敏捷的思维、超强的领悟能力，以及广博的知识面，特别是他的超常智慧所折服。

人类的困惑来自于哪里？我们人一生忙忙碌碌为了什么？袁洁平君一语道破：“生命最重要的是过程而非结果。”但可叹的是，时下人们往往习惯去关注下一个目标，而常常会忽略了眼前的事情。他们不能“远离颠倒梦想”，得至高无上之智慧，得宁静安详的心境而时时自在，处处平安。一句话：幸福本应该是快乐与意义的结，但是许多人把物质与财富放在了快乐与意义之上。

著名国学大师傅佩荣教授曾言：传统的孔孟老庄一定要尝试着与现代生活相结合，才会有更大的意义。而袁洁平君所写的这本书正是对这段话最好的诠释，袁洁平君告诉我们，人类所有的困惑，可以向老天要答案，而这“老天”就是“道”，就是自然规律，袁洁平君把这些2500年前古圣先贤悟出的道叫做“定律”，轻而易举地解决了看似现代人非常头疼的困惑。真正是大道至简，大道无言。傅佩荣教授也说：一个人30岁之前要读儒学，可以学习为人处世之道，40岁后要读老庄，可以恢复心态，淡然处之，50岁后读《易经》，可以总结宏扬。我在教授《易经》课程时经常告诫我的学生们：每个人都是一尊卦，心一动，卦就变，心是因，卦是果。

我读了袁洁平君这本书有一种奇妙的感觉，用玄学的超感觉思维来论证，袁洁平君就像是一个老天的代言人，是他为我们打开了电脑，而这电脑的发明人正是我们中华祖先，其渊源在于电脑的数据化（0，1）正是阴阳的极妙运用，袁洁平君替我们下载了苍天发来的E-mail。这本书的最可贵之处，最大的兴奋点，就是在告诉我们：任何时候我们人有了问题，不要忘记“道”是根本！要从中华五千八百年以来的圣贤经典中寻找解决问题的办法和答案，任何时候人只要违反自然规律必遭惩罚，如今，我们需要的正是人性的回归，更需要我们向智者问道。

最后，我想说，袁洁平君这本新书，取题材领先也好，取写作思路缜密也好，其寓意深刻也好，这些都无需我在这里一一点评，从专业的角度来讲，这书不是讲“术”，而是给你一把解开困惑的智慧钥匙；如从一个读者的角度来看，这本书就是让你直接和老天对话，所有的困惑都可向老天要答案。

谢谢袁洁平君为人们奉献了一本智慧好书，写此是为序。

序作者顾铭瑞教授：
获美国哈佛大学法学院国际比较法学硕士学位和经济法学博士学位
他现是中国社会科学院经济学博士发展中心高级研究员、中国创造学会上海分会常务理事
联合国教科文组织专家顾问团成员，上海市企业家协会管理委员会咨询专家，并担任世界周易学会副会长兼上海分会会长。美国普莱斯顿大学特聘终身教授，博士生导师。

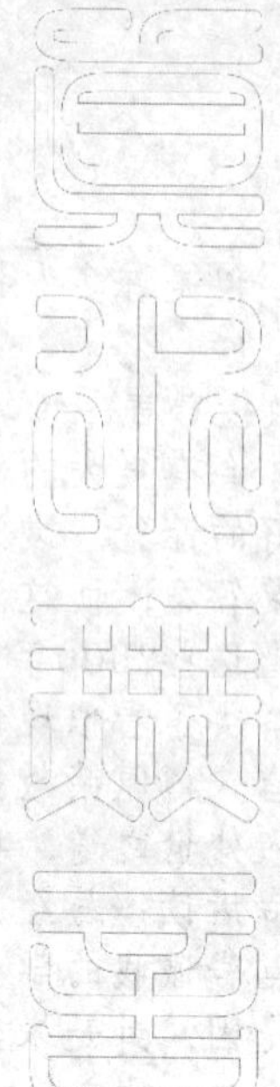

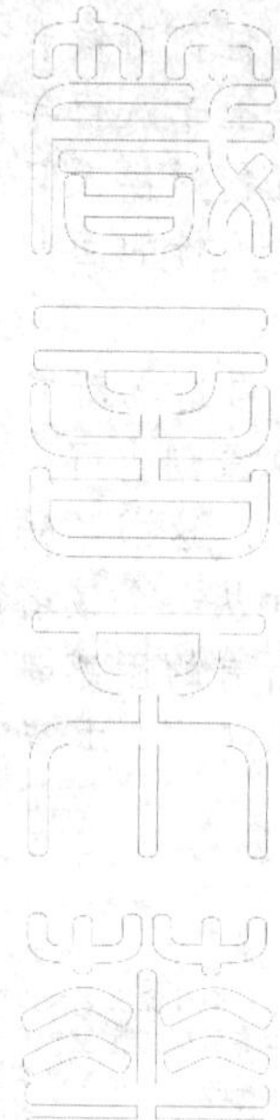

真水无香

箴言不华

著名篆刻家 徐谷甫

【前言】

万物平衡

袁洁平

日前，一个比我长几岁的企业老总，闲聊中向我吐露了心声，五十岁的人，面对人生困惑，仍如少年般手足无措，向我提出“我该怎么办？”这样的问题，我也早已过了不惑之年，自感很多事情早已明了，不该还摸不着头脑，但每每看到身边有那么多现代人，不知道问题的根源是在哪里？最佳的解决问题的途经又在哪里？还在提出“我该怎么办？”这个老掉牙的问题，就有一种怜悯之心涌起。

一个朋友的朋友，是个三十多岁的能干女人，从她朋友处知道了我，不失时机地就把她女儿和老公一起叫了过来，说是女儿读书有问题，老公赚钱不积极，家庭经济压力大，我该怎么办？谁知经我一询问再一分析，所有的问题都出在她自己身上。

现代人，特别是现代的年轻人，遇到“我该怎么办？”这样的问题喜欢问“度娘”，但得到的答案很多不尽人意，甚至令人担忧，就如盲人导盲人一样，怎么会有正确的方向呢？

西医治表，中医治本，一个“中”字已蕴涵着全部的真理，所谓中庸之道：中者，不偏不倚，庸者，平常正常。“中”就是适度、自然。深谙中庸之道之国之人即是中国人。

一百多年来，造成人类无数的空前的灾难，主要是人类的想法、说法和做法出现了巨大的偏差和错误，近看《圣贤教育，改变命运》揭示的真理和我早就所悟的“万物平衡”定律殊途同归。

世间困惑，并不难解，万事归根，其实真的可以一语道破。

如果概括为一个字那就是“道”。

“道”即是自然规律，天道人道，自然本有，并非人类创造。

“万物平衡”就是“道”，用科学的解释就是牛顿第三定律：作用力与反作用力，力量均等。

据说，早在1982年，全世界七十多位诺贝尔奖获奖者，在联合国举行会议，共同商讨21世纪化解人类种种灾难的好方法，他们的结论是：人类必须回到2500年前的中国，在中华传统文化的经典中，才能找到解救的方法。

的确，人类自身的困惑，其实我们都可以从古圣先贤的经典中找到问题的根源和解决的办法，而这些办法就是“道”是自然规律，就如“定律”一样，只需把问题解析，找到关键所在，填入定律就会得出答案。不信您可以全面地读一读本书，它并非是我的发明，正如佛家所言：“说而无说”。

世间困惑，并不难解，万事归根，其实真的可以一语道破。

如果概括为一个字那就是『道』

第一个怎么办

面对学习的困惑

工作和读书无从选择我该怎么办?
学过就忘怎么办?
我该选择哪个复读班?
家长老师不让我玩电脑怎么办?
我不想读书了怎么办?
我不想做“三好生”怎么办?
学习自制力太差怎么办?
父母不理解我我该怎么办?
虚度大学四年没毕业我该怎么办?
弟弟不好好读书我该怎么办?
我考砸了怎么办?
……

其实老天孕育人类的同时就把它的智慧放在每一个生命体里了,只是人类的自大屏闭了这一内在设置。 青岛科大 梁克珊教授

工作和读书无从选择我该怎么办?

提问者：恋一香

从小到大我的成绩都比较差，数理化最差，中考的分数只能上中专，中专读的是计算机专业，学的一点都不精，有几门都不及格。中专二年级第二学期开始面临实习和高复的选择。大多数同学选了实习工作，我班只有10个学生选了读高复升学。我选择了读高复，但两次考试都落榜。我感到很不孝，遇到一点挫折就放弃。

现在我就想找工作，我发现高中（中专）文凭也可以找到2000-3000元的工作，如文员、销售、业务员、普工，目前正在找工作。但我爸妈想让我再读书，选个简单一点的形式，比如电大，同时多考一点技能证书。我现在很犹豫，到底是找工作还是读电大？

问题分析：

问题的根本，在于提问者的心理存在缺陷，遇到一点挫折就放弃，怎么可能会产生好的结果。从父母的角度认为读书好就能赚到钱，而提问者恰恰希望通过工作逃避读书。这个案例如果一味地逼提问者读书，只会适得其反，并不会产生好的结果。

定律：

孟子说："行有不得，反求诸己"，也就是说一个人的所作所为不能如愿，应从自身找原因。

最佳答案：

这个问题其实不是二选一的问题，而是解决你的认识问题，如果不解决你的认识问题，任何一种选择都不是你的最佳选择，你会从一个挫折转到另一个挫折，因为工作中遇到的挫折远大于读书中遇到的挫折。如果你不是读书的料，不要紧，从现在开始，不再用父母的钱，一定要建立自信心，先工作，并把工作做到最好，找到你的长处并发挥到极致，做你最好的自己，当你发觉钱来之不易的时候，你就会懂得父母供你读书的不易，你要获得更好的职位，就得要有更多的知识，你会主动地边工作边学习，父母会为你的变化而欣喜万分，而你也就是一个真正懂得孝道的人。

学过就忘怎么办？

提问者：wu33wuwu

我儿子今年刚上小学，原来在幼儿园学过的算术题到了小学，却不及格了。不知道为什么会这样，好像学过的东西没几天就给忘记了，他平时性格也很内向，说过骂过都没用。唉，不知道怎么办才好?

问题分析：

“平时性格也很内向，说过骂过都没用”，这正是问题所在，表面上是孩子的问题，实际是父母的问题，父母急于求成，急不可耐，说骂更强化了孩子的内向性格，造成了孩子更大的恐惧感，因为思想集中到“不要遗忘”上就偏偏更易遗忘。

定律：

孟子说:“行有不得，反求诸己”，也就是说一个人的所作所为不能如愿，应从自身找原因。

最佳答案：

孩子学过就忘，并不是很大的问题，但错误的教育方法却会导致严重的后果，孟子说“行有不得，反求诸己”，对于性格内向的孩子，打骂只会使问题更严重，忘得更快，只有正确引导、激发和鼓励孩子的学习兴趣，才是你作为父母应该做的事。

3

我该选择哪个复读班？

提问者：年轻的一代神

今年高考，因为填报志愿失误，所以要复读，目前有两个选择：一个是去一个省重点的专收我们一本线上的复读班，这个班貌似不错，而且我以前也是省重点的学生，比较适合省重点那种自主的学习方式，而且和那个省重点学习资料同步；另一个就是有一个市级的重点学校的实验班，我可以插班，那个班特棒，能出几个清北的样子，可是必须强制住校，一个学期也不能回家，全封闭管理，强制学习，老师说什么就要学什么，自主学习的时间很少，但师资什么的却是最好的。因为一直习惯了自主学习和走读，所以很犹豫，担心一下子没适应好环境影响学习，我不知道怎么办了？

问题分析：

“填报志愿失误，所以要复读”，这个失误就是“贪婪”的结果，而现在当一个“实验班”、“能出几个清北的样子”贪婪之心再起，所以同样的失误就有可能再度发生。

定律：

五毒：贪婪，怨恨，愚痴，傲慢，怀疑。这五毒之心感召灾难。

最佳答案：

这个选择其实不难，你如果从实际出发，戒掉你的“贪婪”也许你早就是一个大学生了，无论是填报志愿还是选择复读班，只有适合你的才是最好的。“自主的学习方式”对你来说是可控的，而“实验班”是你担心的，不可控的，但“能出几个清北的样子”诱惑着你，“贪婪”和“担心”最终会感召灾难的发生。

4

家长老师不让我玩电脑怎么办?

提问者：meating98

小学时的老师都非常的好，但到了初中学习变了很大的样，连老师都换了一个非常凶的人。我爸爸为了不给我看电视，把电视机搬走了，每天他把在电脑前，我碰都不能碰，而我的班主任动不动就打人，还经常请家长（每位学生都是）。离中考还有一年时间，而我只要在家，就什么也玩不了，无聊到了极点，所以只好到外面去，但每次如到外面去，我爸爸便打电话给老师，我们老师非常凶，对每一位学生都是。那我应该怎么办才可以或许摆脱这样的生活？其实我成绩还好，在班级能排前二十，但就是考不到前十名，学校前一百，我爸爸就以这个为理由，什么都不给我碰，我该怎么办？我能怎么办？首先我不想沟通，因为试过了，每次和爸说给我玩会电脑，每次都被训斥。

问题分析：

“考不到前十名”所以“每次和爸说给我玩会电脑，每次都被训斥。”“我不想沟通”。

定律：

《三字经》：养不教，父之过；教不严，师之惰。

最佳答案：

你离中考还有一年时间，你是觉得还早呢，还是认为我到时一定还能考到班级排前二十位内？古人讲：养不教，父之过，教不严，师之惰。既然父亲以你考不到前十名为由不让你碰电脑，那你可不可以以考到前十名为由让你碰电脑？要摆脱这样的生活，唯一的办法就是达到老师和家长的要求。

因为成绩差我不想读书了怎么办？

提问者：曹450035691

我是一个高一的学生，成绩很差，整天闷在教室里，很痛苦！不太想读了，但又觉得对不起父母对我的期望。我该怎么办啊？能帮忙想想办法吗？

问题分析：

因为“成绩很差”，所以“很痛苦！”“不太想读了”。

定律：

《弟子规》：惟德学，惟才艺；不如人，当自励。

如果自己的道德、学问、才能、技艺不如别人，就应当自我勉励、尽力赶上别人。

《弟子规》：勿自暴，勿自弃；圣与贤，可驯致。

一个人不能自甘堕落，也不能自己瞧不起自己，圣人和贤人，都是可以通过循序渐进的努力修学而达到的。

最佳答案：

扪心自问：成绩很差是怎么造成的？如果是天生笨，那把你的天赋找出来加以发挥你就是奇才；如果你不笨，那只是学习方法问题和你要不要的问题。只要功夫到了，方法对了，不懂的地方自然就通达了。读书并不是为父母而读，而是为你自己，如果放弃学习，自甘堕落，不管你是笨还是聪明，你都不再是一个人！

办法只有一个，回到座位，清除杂念，深吸一口气，在心里和自己说：我能！

读书的方法有“三到”：心到、眼到、口到。心要记，眼要看，口要读，读书时，如果心中有疑问，要随时做笔记，以使向别人请教，求得准确的意义。

如果你把打破砂锅问到底当作一种乐趣，最好能把老师问倒，然后自己找到答案，你会发现读书原来是这么容易的事。

我不想做“三好生”我该怎么办？

提问者：尹昱炜

我现在读小学五年级，是所谓的“好学生”，其实我本不是很想学习，只是从小学一年级的时候，我比较怕老师，就很认真的学习，成绩很好。但是那是因为我被逼的，根本不是心甘情愿。现在我不想当这个所谓的“好学生”了，该怎么办？我是语文组长、学习委员、英语组长，明天老师还要我竞选音乐课代表啊！我的同学肯定会选我的，这样我的压力好大啊！又怕学习不好，被家长骂，在学校又怕老师说，这样真的很累！上回我稍微放松了一下，英语考了95分（满分100分），家长就说我学习下降了，不给我玩电脑或出去玩。我真想做一个普通生啊！我想做最真实的自己。谁能帮帮我？我该怎么办？我是很想解脱的！

问题分析：

“英语考了95分，家长就说我学习下降了。”“我真想做一个普通生啊！”

定律：

《三字经》：养不教，父之过；教不严，师之惰。

“父母教，须敬听；父母责，须顺承”，意思是：对父母的教诲，要恭敬地聆听；对父母的责备，要顺从地接受。

最佳答案：

你很聪明，你也很有天赋，但为什么有压力呢？因为压力来自于父母和老师对你的过高的期望，导致你都不再想做“三好学生”了，那么怎么办呢？第一、你把想法要和老师沟通，要把更多的机会留给同学，第二、学习是为自己学，不是为家长和老师学，一个真正的好学生，不是逼出来的，是主动学出来，只有当你在学习中找到乐趣，学得游刃有余了，那就是在玩了，你也就没有任何压力了。

7 学习自制力太差怎么办？

提问者：-acqua

我每天晚上放学回家写作业，有不会的题目，就到网上查，可拿起电脑，我就情不自禁的去百度贴吧逛，有时候甚至偷偷的玩游戏，最终导致作业一两点才做完，每天早上都后悔，可是第二天又是这样，怎么办啊？我的自制力太差了！

问题分析：

“情不自禁偷偷的玩游戏，最终导致作业一两点才做完。”“我的自制力太差了！”

定律：

《弟子规》：朝起早，夜眠迟；老易至，惜此时。意思是：清晨要早起，晚上要迟睡，一个人很容易从少年就到了老年，所以每个人都要珍惜此刻的宝贵时光。

最佳答案：

自制力差是自己对自己下的错误结论，这个结论加强了自己的心理暗示，是对自己自制力太差的行为找的借口，所以很难改掉！唯一的办法是觉醒！做自己行为的主人！暗示自己我是一个很有自制力的人，想不做什么就不做什么！养成一个良好的学习习惯，到时间就睡觉！没做好宁可第二天被老师骂，这样几次下来你就被逼出好习惯了。

父母不理解我我该怎么办？

提问者：409193360

妈妈总是不理解我，只知道让我读书，而我因为小时候的一些事，想法比较成熟所以对一切都很平淡，但是上学真没兴趣。我想学舞蹈，学画画，学调酒。想的很多。但是我们这里都没有，家里也没钱，我想出去自己赚钱花，可以给家里还债，还可以完成我的梦想。但是妈妈总是不理解，我跟她沟通了很多次，每次说的很好，第二天又改变了。她老是听别人说什么就什么，别人说我不好，她就打我骂我。我真的很伤心了，再这样下去我会疯掉的，想一走了之，但又不想他们伤心。谁帮我？我该怎么办？

问题分析：

“妈妈总是不理解我”，“再这样下去我会疯掉的，想一走了之。”

定律：

《三字经》：养不教，父之过；教不严，师之惰。

“父母教，须敬听；父母责，须顺承”，意思是：对父母的教诲，要恭敬地聆听；对父母的责备，要顺从地接受。

最佳答案：

父母希望你成才，这是不容置疑的，但你对上学读书没兴趣，却想学舞蹈，学画画，学调酒。这看似成熟的举动，实际上是非常的不成熟，你想一个连最基本的文化知识都没有的人就想学舞蹈，学画画，学调酒，能学得好吗？所以最好的办法是学好文化知识，并用业余时间学你感兴趣的东西，当你在某一方面学有所长，再进一步努力创造，相信你的父母就会支持你，再考取相应的大学，你的理想也就很容易实现。

虚度大学四年没毕业我该怎么办?

提问者：lien2005

我今年离开大学校园，我的同学们都毕业了，但是我没拿到毕业证，我4年大学上过的课节数加起来不到20节，我除了公共体育课勉强过60以外，别的全挂了。在大学我一无所获，现在也没有任何特长，几乎没有任何生存能力。我来自农村，家境差的不能再差，我无颜回家乡见父老，我流浪在深圳东莞这些地方，跟那些没有任何文化的打工朋友比起来我也是不如他们。我不敢跟家里联系，也羞于和任何熟人见面，家里人可能不明白我为何突然失踪，他们一定很担心，但我能怎么样？曾经被别人称做天才之类的我，好多次想自杀，可就这么离开这个我还没看清楚的世界，真的很不甘心，我该怎么办？

问题分析：

“在大学我一无所获”，“我无颜回家乡见父老”，“好多次想自杀。”

定律：

“父母教，须敬听；父母责，须顺承”。意思是：对父母的教诲，要恭敬地聆听；对父母的责备，要顺从地接受。

《弟子规》：“过能改，归于无，倘掩饰，增一辜。”人有罪过不要害怕，只要发誓把它改掉，就会重新成为一个好人，最可怕的是掷盖和回避，拒不认过，这就是民间老话，罪上加罪。

最佳答案：

你说你上大学的时候没有好好学习，这就违背了父母的意愿，所以你觉得无颜面对他们，采取逃避现实，甚至于轻生的恶劣态度，是非常的可怕和错误。《弟子规》：“过能改，归于无，倘掷饰，增一辜。” 就是说人有罪过不要害怕，只要发誓把它改掉，就会重新成为一个好人，最可怕的是掷盖和回避，拒不认过，这就是民间老话，罪上加罪。

你说你上中学时候是学习好的，就表明你有这方面的能力，这么聪明的一个人怎么可能生活不下去呢？

年轻，就什么也不怕！已在谷底，翻身即向上，从头开始，只有越来越好。一定要和父母联系！别让他们再担心你！清醒过来！先不一定非要找什么好工作，先挣钱养活自己，再进一步的深造自己，就一定能走出这段人生低谷。记住：父母不是要你当官，他们只要你平安！

10

弟弟不好好读书我该怎么办？

提问者：流年不忘tt

我弟弟刚上初三，初二的时候谈了一个对象，上个星期老师打电话叫我妈去学校一趟，原因有二，一是弟弟早恋的问题，二是他自己去找老师辞掉班长职务，老师骂了那女生，弟弟却去办公室找班主任，不仅正面顶撞老师，不上课，作业也不写。那天妈妈去的时候，班主任就让妈把我弟带走，我妈求了好半天情，老师才同意再给一次机会，结果我妈刚从学校走出没多久，我弟就去上网了，因为我弟竟然已经4次去网吧包夜。今天老师又把我妈叫去了，非要开除他。现在弟弟还在家里，老师说让他回家反省，可是能反省出什么，他就跟中邪了一样，死犟死犟的。现在我在外地上大学，妈妈整天给我打电话愁的快哭了，听得我心里特难受，可又不知道怎么解决这件事。我该怎么办？

问题分析：

“弟弟早恋”，“不仅正面顶撞老师，不上课，作业也不写”，“学校非要开除他”。

定律：

“父母教，须敬听；父母责，须顺承”，意思是：对父母的教诲，要恭敬地聆听；对父母的责备，要顺从地接受。

《孝经》：“不爱其亲，而爱他人者谓之悖德”。不爱亲人而爱他人，是违背人性天理。

最佳答案：

弟弟的逆行是少年叛逆期特有的心理行为：你让我难过，我也让你难过，你要我学好，我偏不学好！

针对这种情况，解铃还需系铃人，和那个女孩谈心是关键，表明你的感受，你们恋爱我不反对，但弟弟这样走下坡路你也是不想看到的，你喜欢他就要让我们全家都喜欢你，所以你要让弟弟振作精神，重新读书。

11

我考砸了怎么办？

提问者：萱隐

期末考试我看了成绩，数学满分120，我才考了71分！我很难过，觉得自己一无是处，感觉到万念俱灰。我已经初三了。前几次月考数学都在108以上的，这一次真的输得太惨了。

我的班主任对我抱有很大的期望，我觉得让她太失望了，还有数学老师。我天天去问题，觉得老师很好，可是我怎么就没考好呢？我由班里的11名退到了二十几名。我觉得在别人面前我是一个十足的差生。

我现在不知道该怎么办了。

我总觉得别人会瞧不起我，也许并没有。

可是我心里很伤心，感觉让老师失望了，呜呜呜！

问题分析：

“期末考试了，我看了成绩，很差。” “我觉得在别人面前我是一个十足的差生。” “我现在不知道该怎么办了.”

定律：

《太上感应篇》:“祸福无门，惟人自召。”即福是修来的，祸是召来的，福祸和命运，全靠自己心。

最佳答案：

古人说：“祸福无门，惟人自召。”如果万念俱灰，你将必败无疑！一个人的一生会经历非常多的失败事件，但都只是人生过程而已，你完全没有必要把一次的失误看成是世界末日！心智成熟的人正确的做法是：输了没什么大不了，找出失误原因，重来就是！有一句话叫“百折不挠”，心理强大了，就什么也不是问题了。

我想出国学漫画父母不同意怎么办？

提问者：匿名

我是一个初三学生，学习不错，全校四五十名左右，但我不喜欢学校的学习，更不想考什么重点高中，父母他们都知道我喜欢动漫，将来想往这方面发展。我父母怕我压力太大，就想让我初中念完，就考师范学校学美术，将来最低也能当个教师，生活也有保障，但我想学漫画，不是学美术，我觉得两者完全不一样，而且我也不喜欢当教师，我想现在开始去学日语，学好了去日本学习动漫，可我妈就是想让我先念师范，就是想让我有了一份稳定的工作再说。但我实在是太讨厌学校的那种紧张气氛了！我到底该怎么办啊？

问题分析：

“我想现在开始去学日语，学好了去日本学习动漫，可我妈就是想让我先念师范。”“但我实在是太讨厌学校的哪种紧张气氛了！”

定律：

《弟子规》:“父母教，须敬听；父母责，须顺承”。即对父母的教诲，要恭敬地聆听；对父母的责备，要顺从地接受.

孟子曰：“行有不得，反求诸己”。即所作所为不能如愿，应从自身找原因。

最佳答案：

对待父母的说法，首先是听从，因为从他们的角度来看自有他们的道理，但你又不想放弃理想，那就把压力变成动力，把不利转成有利，没有得到父母的支持，是因为你还没有拿出让父母下决心支持你的成绩，喜欢漫画的话就要坚持画，想去日本求学就自学日语，只要你有足够坚定的意志力，没有什么不可能。

第二个怎么办

面对感情的困惑

前女友想和我重归于好我该怎么办？
男友的占有欲太强我该怎么办？
男朋友老是拖着不结婚我该怎么办？
被我甩了的女的反说是她甩了我，我该怎么办？
我想早恋我该怎么办？
面对会算计的男友我该怎么办？
我可能是别人的替身我该怎么办？
忘不了曾经的恋人我该怎么办？
在高三就爱上了别人怎么办？
男友和前女友总是接触，怎么办？
男友花心我该怎么办？
……

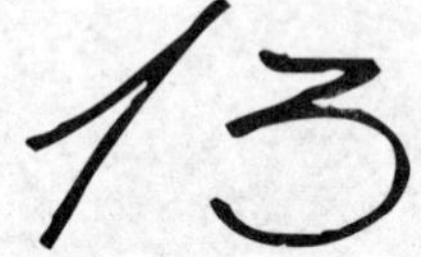

前女友想和我重归于好我该怎么办？

提问者：215206899

和女友谈了一年，这一年里我付出很多，无论是精力还是金钱。今年9月，进入大学，和女友不是一个系的。后来女友班级里有个男的追她。两个礼拜后，她对我说分手，还说很舍不得我。现在女友被那男的甩了，回来找我复合。我同意了，但是后来我从别人口中得知他们发生过关系，她也承认了。我女友是个很单纯的人，我很想照顾她一辈子。但是，我真的很累。现在还有人告诉我，她和他可能还有联系。我该怎么办？离开她，我不放心，和她复合，我又觉得很累。好心人帮帮我，先谢谢了。

问题分析：

"我很想照顾她一辈子"和"她和他可能还有联系"，于是产生的纠结，使"我真的很累"。

定律：

《弟子规》：过能改，归于无；倘掩饰，增一辜（人有罪过不要害怕，只要发誓把它改掉，就会重新成为一个好人，最可怕的是掩盖和回避，拒不认过，这就是民间老话，罪上加罪）。

恕：宽恕原谅，厚道待人。

最佳答案：

这个问题的产生缘于她的处世方式，如果她不是真心爱你，就会被不断的诱惑所左右，你将变得很累，所以应该放弃为好。如果她真心爱你并悔过，你就必须宽恕原谅她，古人说"过能改，归于无"。扪心自问如果你很爱她，她也爱你，就和她很好地谈一次，包容她过去的一切。如果她不爱你，只是你爱她，那种爱是不平等的爱，你终究会在痛苦中迷失自己。目前建议你再给她一次机会，你搞清她是不是真爱你即可作出选择。

14

男友的占有欲太强我该怎么办?

提问者：匿名

我和男友在一起5年了,他很专一，很体贴，他的世界几乎围着我转，他的占有欲很强，昨天我单位聚餐，我第一时间问他，我可以去么?他非常生气，不许我去。我觉得很委屈，我朋友常常说我很丢女人的脸，说我太听话，我就连和女生朋友出去都要和他提前一个星期报备，他通常都不会同意，但是我非要去的话也会让我去，只是会不高兴，而我非常怕他不高兴。他不许我在网络上放我的照片，连我朋友和我的合照放在他们自己的空间他也会对我发脾气，每次我只能求朋友删掉。我真的觉得我很累，很累。过段时间我们就要结婚了，别人都说我们很幸福，但我却不知道自己是不是真的该嫁给他。我很爱很爱他，我知道他也很爱我，但是这份爱情太压抑了，我该怎么办?

问题分析：

“他的世界几乎围着我转，他的占有欲很强”，“我知道他也很爱我，但是这份爱情太压抑了”。

定律：

五毒：贪婪，怨恨，愚痴，傲慢，怀疑。

这五毒之心感召灾难，他的怀疑心是其中一毒，你的怨恨心也是其中一毒。

最佳答案：

你的男友对你的爱是非常自私的爱，在你们看似非常恩爱的爱情中却有他的“怀疑心”引起的爱情之毒，和你的“怨恨心”引起的爱情之毒，正慢慢地渗透在你们的爱情中，并不断地累积着毒素的量，当达到一定的时间就由量变到质变，你会因为某件事情而使你的包容心被“怀疑心”和“怨恨心”撑爆，导致你们的爱情瓦解。

你目前的最佳做法就是把你的痛苦用文字写下来，并附上专家的分析结果，你要告诉他我想和你白头到老，不愿因为我们的无知给我们的未来造成无法弥补的过失。如果他能醒悟，你们的爱情将非常甜美，如果他不能醒悟而你能丢掉你的“怨恨心”加人你的包容心也许能稀释他的毒素，甚至于不治而愈。

男朋友老是拖着不结婚我该怎么办？

提问者：_txq5786

我男朋友是北京人，身高1.8m，口才也很好，这是我比较自豪的！我是江苏某个城市镇上人，我们同在无锡一家公司认识，恋爱已经一年多点！他都没有正式的在他父母面前提过我，我们的关系一直没有进展。

我也挺大了，家人朋友给我压力，我在他面前唠叨，也哭过，但他竟然跟我说，你知道吗？我甚至有这个想法，回家时飞机坠毁，赔偿一笔钱，给你和我父母，然后你做我爸妈的干女儿，照顾他们！

有时候想过要跟他分手，可是我想他跟其他女人在一起，就很不甘心。

北京虽好，但是我不太想在北京生活、工作。可是他是独生子！我想在江苏买房，工作，我也舍不得父母！

心好烦，好累！真不知道该怎么办?

问题分析：

“恋爱已经一年多点！他都没有正式的在他父母面前提过我”说明女方不符合男方父母择偶的条件，但男方被夹在中间希望以意外死亡来解脱对父母的不孝。

女方“我想在江苏买房，工作，我也舍不得父母”，造成男方双重压力。

定律：

五种人伦本份：父子有亲，长幼有序，夫妇有别，君臣有义，朋友有信。

“父子有亲”即是儿女对待父母必须孝顺，不能违背父母心意。

夫妇有别：就是阳性刚强，阴性柔软。作为一个太太必须做到“柔顺”：不刚强忤逆；“谦卑”：不傲慢做人；“安静”：不轻浮暴躁；“旺家”：不损夫败家。

最佳答案：

作为一个女人首先就要做到夫妇有别：就是阳性刚强，阴性柔软。“柔顺”就是不刚强忤逆；“安静”就是不轻浮暴躁；“旺家”就是不损夫败家。而你的想法其实有点自私，你要尽量提高自己，力求达到男方父母择偶的条件，如果实在达不到就用时间证明你们的爱情牢不可破，而不是逼迫男友成婚。若得不到男方家长的认可，这婚也是白结，你不能逼他为了你而与父母反目成仇，甚至于逼迫男友造成意外，否则你将成为千古罪人。目前你除了爱他、信他，提高自己，不用着急，其他就交给时间去处理。要坚信：爱情在什么都会在。

16

被我甩了的女的反说是她甩了我，我该怎么办?

提问者：匿名

为什么一个被我甩掉的女的，一定要四处强调是她甩的我？还说有扇我耳光。搞得我名声尽失！我想扇她，怎么办？

问题分析：

无中生有“还说有扇我耳光。搞得我名声尽失！想扇她”。

定律：

《太上感应篇》：“祸福无门，惟人自召，善恶之报，如影随形。”意思是说一切的祸福都是自己的心念行为感召而来，无论善恶，都随自己的言行，跟随而来。

最佳答案：

你甩了人家，你就践踏了别人的尊严，别人当然要挽回自己的面子，强调是她甩的你。她还无中生有，说有扇你耳光，搞得你名声尽失，你就想以真扇她来挽回自己的尊严。这一轮一轮的互相恶报缘起你甩了人家，你要想挽回自己的尊严不是靠扇她，而是靠保持男人的风度：男不与女斗！你真扇了人家你就理亏了，她会得到别人更多的同情，而你将没有哪个女人再敢爱上你。

你要做的只是保持内心平静，只当没听见，时间会治愈你的心灵创伤。

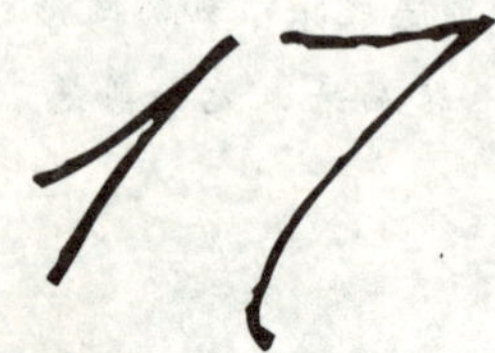

我想早恋我该怎么办？

提问者：lyr209

我16岁他17岁，我们初中在一个班，高中现在还在一个学校，我从初中就喜欢上他了，他也知道我喜欢他，而且他对我也会比其他女孩子好，我实在忍不住了，都三四年了，这样不清不楚的，甚至都没拉过手。我很胖，所以一直就有点自卑，我觉得自己配不上他，该不该说清楚呢？等到高中毕业再去后悔，那时我们可就真是天各一方了。我现在该怎么办？

问题分析：

“我16岁他17岁”，“我觉得自己配不上他，该不该说清楚呢？”

定律：

《孝经》：“不爱其亲，而爱他人者谓之悖德。”意思是：不爱亲人而爱他人，是违背人性天理。

《朱子治家格言》：“伦常乖舛，立见消亡。”意思是：违背人伦秩序，马上出现灾殃。

最佳答案：

你现在就想恋爱是你父母所希望的吗？不是！如果你爱父母就不能这样做，如果你不爱父母而说爱别人，别人也不可能爱一个不爱父母的人！

恋爱的最佳周期是两年，而你在这两年内既得不到父母的支持也得不到老师的支持，这两年即使你们相爱也将非常痛苦，不可能不影响到学习，两年后也不可能马上结婚，爱情之花也就会马上枯萎，这个结果显而易见，何况他是否答应还是个未知数，你完全可把这美好的感情藏于心底，把这份感情当作努力学习的动力。如果你现在说破，后果就会很糟糕，一切灾难将由此引发。

四年后如果你还有这样的感觉，你再开口吧。

18

面对会算计的男友我该怎么办？

提问者：苏烟哥xo

男友很出色，年纪轻轻就当上了部门经理，现在月薪大概一万多，而我只是公司的小文员。

我如今怀孕了，可却没有看到他对我的满心欢喜，而是给我开了几个条件：

一，先和他办理结婚手续，然后辞掉现在工作，将来他每月给我3000块生活费。

二，婚前财产公证。以前他骗我说他没房子，装可怜；可事实上他父母给他的婚房早已写上他的名字；只有汽车写上我的名字。

三，不办婚礼，等我把孩子生下来以后带我一起去趟马尔代夫度蜜月。

他到底什么意思啊？感觉他这个人好能算计，而且到现在还没有见过他父母。我该怎么办呀？

问题分析：

第一个条件断了女方独立能力，造成依赖，归顺男方；第二个条件以防女方万一骗婚；第三个条件，不让更多的亲朋好友知道，只让时间去证明。说到底是男方对女方的不信任，使女方感到尊严被伤害。但男方为什么不信任女方？“只有汽车写上我的名字”，这就是问题产生的关键。

定律：

《淮南子》：“无功受禄，大凶之相”。无缘无故享受荣华富贵，是灾祸到来的迹象。

“命由心造，福自我求。”“行有不得，反求诸己。”

《朱子治家格言》：“伦常乖舛，立见消亡。”意思是：违背人伦秩序，马上出现灾殃。

最佳答案：

我相信你当初看上他是因为他的确很优秀，但当要组成家庭时你就得扪心自问一下，你所获得的这个男人是你该得的吗？你所获得的汽车是你该得的吗？如果你企盼房产证上再写上你的名字，哪一个男人心里不会产生阴影？古人云：“行有不得，反求诸己。”你不能如愿，应从自身找原因。“命由心造，福自我求。”一个人好的命运是由好的心态造就，从好的念头到好的语言，从好的语言再到好的行为，才能产生好的结果。你如果真心实意想和他过一生，就要有高尚的品德和宽容的心态去面对进入婚姻前后所产生的所谓问题，因为这不是他的问题，而是由你的言行所产生的心理影像反映，你内心如无“贪念”，一切问题都将烟消云散。所以你要做的就是降低姿态，一切按照他的意思办，幸福生活必将自然拥有。

我可能是别人的替身我该怎么办？

提问者：匿名

我是在大学里认识他的，他和我哥是哥们，经常约着一起出去玩，当然我哥也带上了我，不知道什么时候我发现自己经爱上他了，每次和哥哥还有他出去玩都感到特别兴奋，可我就是不敢对他表明心意。那天，他发了条短信给我说他爱上了一个女孩，我当时就懵在那儿了，他又说那个女孩其实心里有了别人，不知道该怎么办才向我诉苦，没想到这生活竟像言情小说那样狗血恶俗。后来，那个女孩跟了别人了，然后我慢慢地发现他对我好了，常常带我出去玩什么的，不知道他是怎么了？反正和他在一起我感到特幸福，可我老感觉他是在我身上找那女孩的影子，因为我跟那女孩有很多相像的地方，我哥也告诉我说那女孩跟我一样有刘海、短发，而且性格上很像。这几天我一直吃不下饭睡不好觉，面对他我也不知该说什么，我快被自己给逼疯了，跪求大家我该怎么办？

问题分析：

“可我老感觉他是在我身上找那女孩的影子”。“我快被自己给逼疯了”。

定律：

“命由心造，福自我求”。

“行有不得，反求诸己。”你不能如愿，应从自身找原因。

最佳答案：

“行有不得，反求诸己。”你不能如愿，应从自身找原因，其实你是被自己逼疯的，“说那女孩跟我一样有刘海、短发”，人有偏爱，他爱的就是这一类型的女孩，所以会爱上你，这再正常不过了，而你的“感觉”把他的每一个行动都找到和那女孩一样的所谓依据，这结果本来就这样的，你难道非要找到相反的证据才行？如果有相反的证据，他怎么可能爱上你？你不是自找没趣吗？好好爱他！别有猜疑心，幸福一定属于你！

20

忘不了曾经的恋人我该怎么办？

提问者：匿名

我和她是同班同学，也曾经做过恋人，但是后来她说分手了，现在看到她和别的男生玩的特别开心就觉得心里不舒服，现在上课的时候也会时不时的去看她，我要怎么样才能忘记她？

问题分析：

“看到她和别的男生玩的特别开心就觉得心里不舒服”.

定律：

五毒：贪婪，怨恨，愚痴，傲慢，怀疑 。这五毒之心感召灾难。

“行有不得，反求诸己。”你不能如愿，应从自身找原因。

最佳答案：

怨恨心是五毒之一，你看到她和别的男生玩的特别开心就觉得心里不舒服，只能说明你还自私地爱着她，与其说爱着她不如说你爱着自己！

要懂得“有缘千里来相会，无缘对面难相认”的道理，忘记她唯一的办法就是祝福她幸福。这样不仅放开了她，还放开了自己的心。

21

在高三就爱上了别人怎么办?

提问者：yawen52

现在高三了，我和一个女生日久生情了。但是我们都没有开口表白，而都有暧昧的暗示。这样的感觉很痛苦，感觉老被影响到情绪了。高三了，对待这样的东西要怎么办，我不想被影响到啊，大家说怎么做才好?

问题分析：

“这样的感觉很痛苦”，而“我不想被影响到啊”。

定律：

《弟子规》：“亲所好，力为具；亲所恶，谨为去。”凡是父母所喜好的东西，一定要尽力地准备齐全；凡是父母所厌恶的东西，一定要小心地处理掉。

最佳答案：

高三，对一个即将高考的学生来说是关键。你也知道“我不想被影响到啊”。这痛苦的情绪是由你的“暧昧”这个不确定感情因素造成的，人为什么痛苦？是因为你想得到你不能得到的东西！在对的时间对的地方做对的事，你就不会痛苦！但现在，你看时间、地点、事情都不对呀，没人会支持你，你也没时间分心，也不想被影响到，所以你要做的就是给彼此之间一个空白期，警告自己努力读书，上了大学再说。到时说不准你会庆幸自己还好没早恋，原来我的另一半在大学里呢。

男友和前女友总是接触，我该怎么办？

提问者：nicola602

男友是做发型师的，今天男友的前女友又去他工作的店染头发了，之前我男友答应，如果前女友去他那儿会主动跟我说，可是他这次还是没有跟我说！他常说我为了这些事不开心没有必要，说我非常小气！我想让他知道我是知道这事的！我该怎么办？

问题分析：

“前女友去他那儿染头发，可是他这次还是没有跟我说！”

“我想让他知道我是知道这事的！”

定律：

五毒：贪婪，怨恨，愚痴，傲慢，怀疑。这五毒之心感召灾难。

“行有不得，反求诸己。”你不能如愿，应从自身找原因。

最佳答案：

男友是个发型师，必须接触女性，包括他前女友，前女友她要去是她自由，你没法阻拦，每次要男友向你报备说明你有“怀疑心”作祟，对自己和他人都没信心，其结果“怀疑心”之毒感召灾难，如你过份就会让男友愤然离你而去，他不是不爱你，而是无法承受你的爱。所以，你要大智若愚，装糊涂一点，记住男人最要面子。

男友花心我该怎么办？

提问者：5713fc

和男友好了两年多了，在他最困难的时候是我陪他的啊，那些人知道他出事了，都跑了，是我陪他度过的啊，我天天哭，心情都糟透了。我妈说如果不快乐就不要强求自己，我不强求，但我不甘心，是我陪他站起来了，现在他起来了，但他很花心，身边女的不断，有时都不知他说的哪句话是真的哪句是假的，因为我们常年的分隔两地，我实在是忍受不了了，我想分，下过这个决心，可我发现我离不开他，为什么我可以推掉身边的那些诱惑而他不可以呢？为什么我要天天地为这些根本不值得我上火生气的事而烦恼呢？所有的道理我都懂，应该怎么做我也知道，可是，怎么办？疯了！我不甘啊！

问题分析：

“所有的道理我都懂，应该怎么做我也知道”，“可是，我不甘啊！”

定律：

五毒：贪婪，怨恨，愚痴，傲慢，怀疑 。这五毒之心感召灾难。

“行有不得，反求诸己。”你不能如愿，应从自身找原因。

最佳答案：

与其说你在和他谈恋爱，不如说你是为自己的付出不甘。这就像你在赌博，输了钱心有不甘，再赌再输，心急如焚，借了钱也想翻本，已经收不了手了。这个状态叫“愚痴”，很多人还自认为很聪明，总以为会有翻本的时候，但最终感召来的肯定是灾难。你不离开他，你必然会生气，因为你没有能力改变他，你的感情投入就会更多，越多越不甘，越不甘越生气，最后就走极端！不是你疯了就是他疯了！所以你要做的就是果断地和他一刀两断，所有的投入到此为止，并且一笔勾销！重新开始你的新生活。

24

对方父母反对我们的感情怎么办？

提问者：lanmengzhe

她家里不同意我们的感情，而我不想放弃，我知道她也不想放弃，但是被逼无奈啊！我还是想坚持一下，现在联系不到她，只能联系到她爸爸，而她爸爸的态度就是不让我联系她，我现在真的不知道怎么办？我现在就在这个城市！我应该怎么办？

问题分析：

“她家里不同意我们的感情”，而我“现在联系不到她”。

定律：

《弟子规》：“父母教，须敬听；父母责，须顺承”。对父母的教诲，要恭敬地聆听；对父母的责备，要顺从地接受。

“行有不得，反求诸己。”你不能如愿，应从自身找原因。

最佳答案：

你搞明白她父母不同意你们感情的原因吗？既然你能联系到她爸爸，你就可以很礼貌地问他，你做得不好的地方有哪些，看你能否达到他的要求，如果是合理的，能做到的就去做，如果是无理的，你达不到的要求，你也答应一定会尽全力去做到。和大人沟通不要急于求成，顺从地接受最关键，退一小步都是给他面子，顺其自然，顺水推舟是最好的办法。不要试图现在就见到她，他要你不见就不见，他要你离开你就答应离开，这样你女友才可能有机会出来见到你，只要她爱你就会联络到你。感情不是靠嘴巴说海誓山盟就海枯石烂不变心了，是要靠时间去证明的，只要两个人的感情在，就没有融化不掉的冰。你要做的就是坚信、坚定、坚持！

我没钱结婚怎么办？

提问者：我是方莉

男友要我跟他结婚，我问他你有钱吗？有车吗？有房吗？他说没有，我说没有还跟我结什么婚？我是一个很现实，虚荣心较强的人，相信很多女孩都跟我一样吧，我也很想放低要求，可一想到未来的日子要靠打工来维持，怯步了！朋友，我该怎么办？

问题分析：

“男友要我跟他结婚，但他没钱没房没车，我说没有还跟我结什么婚？”

定律：

《淮南子》：“无功受禄，大凶之相。”

《朱子家训》：“刻薄成家，理无久享；伦常乖舛，立见消亡。”即：对人刻薄而起家的，决没有长久享受的道理。乱了伦常的人，会立刻见到灭亡的。

最佳答案：

你和谁结婚？和钱还是和人？古人讲“无功受禄，大凶之相。”“刻薄成家，理无久享；伦常乖舛，立见消亡。”如果你觉得你有美色作为资本，不愁没人爱，所以尚未结婚就想享乐，惧怕打工，不创财富，这结果会好吗？如果男友昏了头很爱你，但又没钱又必须满足你的欲望，他不是刮干父母的血汗钱，就是走上坑蒙拐骗偷盗抢劫的罪恶之路上去，难道你的生活会幸福？如果因为你贪婪，即使找到一个有钱的主，你非常享乐，但这爱没根，决不会长久，因为他爱的是美色，你一旦变成黄脸婆也就是你的末日。有句话叫：“德不配位，必有灾殃。”德行与待遇享受如果不相配，灾难必然相随。如果你爱他，就和他共同创造财富，没钱一样可以结婚，这样的家庭才能长久，白头偕老。

我不确定爱谁怎么办？

提问者：389083846

我那个时候在一家厂里上班，我喜欢上了一个女孩，但我觉得她也好喜欢我，两个月后我们恋爱了，可在那个时候我有个老乡也来这个厂里做事，不知不觉我好像不喜欢以前的那个她了，我也不知道我是不是花心，可很多人都说我花心，我好烦，快过年了，她姐姐回老家了，我呢就去她的住处玩，玩到快半夜12点了。她说叫我回家，我说：我不回去，就在你这睡。之后我和她发生了那种事。我现在不知道怎么办？到底我该选择谁？谁能告诉我？

问题分析：

“好像不喜欢以前的那个她了，”可是“之后我和她发生了那种事。”

定律：

古人教导我们“孝、悌、忠、信、礼、义、廉、耻”是做人的根本。

信：是信用。对朋友言而有信。耻：是羞耻。凡是不合道理的事，违背良心的事情，绝对不做。

最佳答案：

恋爱是可以自由的，但决不是叫你没有责任心，一会说爱一会又说不爱，这是没有信用的恋爱，你不会做人，就缺少人性，缺少人性就会“和她发生了那种事”，已经是不知羞耻。什么是“耻”？凡是不合道理的事，违背良心的事情，绝对不做。人若无耻，等于禽兽一样，就已不是人。

但你还在问“到底我该选择谁？”说明你的人性尚在。你自认为你还有选择权，其实从你犯下错误的那刻起，你已没有选择权。

27

我被有妇之夫骗孕怎么办?

提问者：匿名

去年，我在网上认识了他，他是小工程包工头，有次我们吃饭喝了酒，在他的甜言蜜语下和他上了床，确定了男女朋友关系。今年8月份我怀孕了，当时我们关系都还很好，他还说等他工地的款拿到后就带我回去见他父母准备结婚。结果一等就是几个月，中途打他电话，偶尔会接一接，都说忙得很，叫我安心不要胡思乱想，多数时间是完全不接或者干脆关机，发给他的短信也不回，经常找不到他人，因为以前都是他开车过来找我，我们直接开宾馆住的，他做工程到处跑，没有固定的住处，只要他不接电话我就找不到他，我还打听到了工地，但是那个工地都完工了，人都没有一个，根本找不到他。前几天我找到他的一个合伙做工程的朋友，才知道他竟然是结了婚的人，还有个娃儿，我又气又恨，找他他连电话都不接了，甚至把我的号码拉进了黑名单，我都不晓得该怎么办？

问题分析：

“我怀孕了”可是“他竟然是结了婚的人”，而且“根本找不到他”。

定律：

人有五毒：“贪婪，怨恨，愚痴，傲慢，怀疑”，这五毒之心感召灾难。善心感召善人善事，恶心感召恶人恶事。

“行有不得，反求诸己。”你不能如愿，应从自身找原因。

最佳答案：

你在他的甜言蜜语下和他上了床，你那时想的是什么？是不是想：他有钱，我把身体给了他他就是我的人了，有了孩子他更不可能甩掉我了，我就能过上好日子了？这就是“恶心”，恶心感召恶人恶事，是你把他引来了。你想不劳而获直接过上好日子，这就是“贪婪”，贪婪之毒感召灾难，你不但没能得到他，反而被他欺骗，还怀孕了。

你目前唯一的做法就是，打掉孩子或生下孩子，但绝不要再去找他。否则你得到的伤害会更大。因为你不但会伤害到另一个女人，还会在他的欺骗中生活，不能自拔！

我不懂得拒绝别人怎么办?

提问者：匿名

我是学画素描的。好几年了，画的还不错。家里人从小就一直要求我画画。现在问题来了，画室有个女的好像很喜欢我。她朋友都有跟我说，虽然她人很漂亮，但我是有原则的，我喜欢别人了，不能因为人家漂亮而喜新厌旧。我画画她老来搭讪，我就分心了，我性格比较内向。不怎么懂得跟人交流。又怕不回答她会让她觉得很尴尬很没面子，我快崩溃了，该怎么办啊?

问题分析：

“我喜欢别人了”，但“画室有个女的好像很喜欢我”，我“不能因为人家漂亮而喜新厌旧”。但“不怎么懂得跟人交流”，“我快崩溃了。”

定律：

《弟子规》：事非宜，勿轻诺；苟轻诺，进退错。对于自己认为不妥当的事情，不能随便答应别人。假如你轻易许诺，就会进退两难。

最佳答案：

这个困惑真的不是问题，你只是怕她伤心没面子，又不懂得怎么拒绝别人。

别人喜欢你是别人的权利，但你一定要让他知道你的想法，你已经有喜欢的人了，你不想脚踏两只船。在和他交流时就可委婉地说出来呀，比如她约你一起出去玩，你就说我和我女朋友约好了，不好意思。她懂得呀。如果她还是要追求你，你只能冷处理啦。谈恋爱谁没被伤过或伤过人呢？不会拒绝才更会伤人呢，因为你一直让她的心悬在半空中，那才是最痛苦的事。

人生就像一杯苦丁茶，只有用心去品尝、用心去感悟，才能喝出你生活的滋味！

广告人　唐景

我不知道他是不是真爱我怎么办？

提问者：匿名

他之前是我的一个客户，之前是存在这一种利益关系，但是关系始终有点暧昧，我是那种骨子里比较传统的女孩，虽然有交过男朋友，可是都没发生关系，还有就是我后来跟他关系好了很多，我有很直接的跟他说我是处女，我们后来在第三次见面的时候，我去了他家，我不知道我当时怎么答应了，他要求我跟他发生关系，我拒绝了，我反抗得很厉害，所以他最后没有如愿。

我现在的问题是，不知道他到底是不是真的对我有意思，还是就是那种玩玩而已，他今天跟我说，喜欢不是爱，他可以喜欢很多人，但是爱的人却很少，还说，我们都没有走进彼此的心里，但是他表达出来的意思是希望我跟他在一起，我没有拒绝也没有答应，哎，可是他有一个女朋友，我觉得他还是爱她女朋友的，现在心里很乱，其实我很清楚我还是有点喜欢他的，还有他的条件确实是很好，是一个事业有成的男人。我接下去该怎么去处理这些呢？

问题分析：

“我有很直接的跟他说我是处女”，但“他要求我跟他发生关系，我拒绝了”，“还有他的条件确实是很好。”“可是他有一个女朋友”，“不知道他到底是不是真的对我有意思”。

定律：

《易经》：慢藏诲盗，冶容诲淫。

慢藏：收藏不慎；诲：诱导，招致；冶容：打扮得容貌妖艳；淫：淫邪。意思是收藏财务不慎，等于叫人来偷，女子打扮的过于妖艳，无异于引诱人来调戏自己。

人有五毒：贪婪，怨恨，愚痴，傲慢，怀疑，这五毒之心感召灾难。善心感召善人善事，恶心感召恶人恶事。

最佳答案：

你和他玩暧昧，还告诉她自己是处女，这不是诱导他来调戏自己吗？他有女朋友，而且你觉得他还是爱她女朋友的，你为什么就因为他的条件确实是很好，就有“贪婪”之心呢？从而幻想他是真心喜欢你？贪婪之毒必将感召灾难，他如果真心喜欢你，必须是结束旧爱，另寻真爱，而真爱并不是以得到身体为唯一，否则他一旦得到你的身体，你们的关系也就此结束。

30

女友要和我分手我该怎么办?

提问者：lk8144

女友和我分手一个月了，我们分手的原因是我前两年和一个已婚女人在一起了一年，我现在女友那天上我QQ，看到前两年我和已婚女人的聊天记录，当时她就很气愤，给我提出分手，我可能有过激的地方，她就说我只会冲动，脾气不好之类的。今天她回到我们在的这个城市，我们在车上碰面了，下车后，我就和她谈我们的事情，她说已经看清我了，说我像个痞子，她说从小就烦痞子，我们之间已经不可能了，让我放弃吧，我说我想你吃饭，她说不去，我说礼拜天请你看电影，她都不同意，她说现在很烦我了，别再纠缠她了，最后我们就又不欢而散了。大家帮帮我，我该怎么办？我不会放弃，我也放弃不了，我该怎么做才能打动她？

问题分析：

她“说我像个痞子”，“别再纠缠她了”，但“我不会放弃”。

定律：

“行有不得，反求诸己。”你不能如愿，应从自身找原因。

最佳答案：

想要打动她，你要知道她喜欢什么样的人，如果她很在意你前两年和那已婚女人的事，那你只能放弃，如果她不在乎这事，主要还是你的痞子气，那你能改吗？“行有不得，反求诸己。”你不能如愿，应从自身找原因。先不急于求成，给她发一条短信，你就说：“我知道我错在哪里了，不管你给不给我改过的机会，从今天起我就努力地改掉痞子气，坏脾气，做一个全新的自己。”而最关键的你得从根本上解决问题，不是嘴巴上说说而已，要落到实处，如看圣贤教育的书或视频，从心灵上作改变。

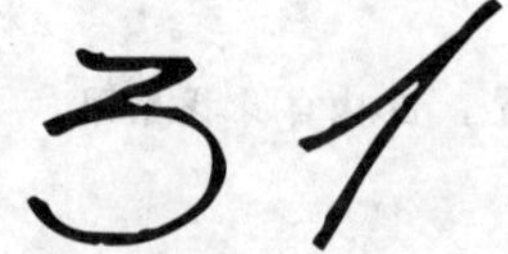

我单相思我该怎么办?

提问者：匿名

这两天我都感觉无法睡着了！

前几天我去医院的口腔科看病，是一个年轻女孩子给我看的。她穿着白大褂，戴着帽子和口罩。虽然看不清脸，但中途和她说了一些话。她声音很好听，感觉人也很温柔。走的时候很不舍，后悔没有要电话。

这么多天过去了，我有些茶饭不思，老是在想着她。

我自己都不知道该怎么办才好。

问题分析：

偶尔爱上一个不见容貌、不知姓名的她。“我有些茶饭不思，老是在想着她。”

定律：

“行有不得，反求诸己。”你不能如愿，应从自身找原因。

最佳答案：

你这叫一见钟情，但你爱上的是你臆想中的人，因为你并未了解她，甚至于她的脸面你也没见过，只是爱上了她的说话的声音。

要改变现状，不是行动就是忘却，但忘却可能你觉得难，那就是行动，大胆地找到她，和她打一声招呼，问她要到电话，是你的就是好的开始，否则就是结束。你只可把她当成天使。

爱是双方的事，不能强求。

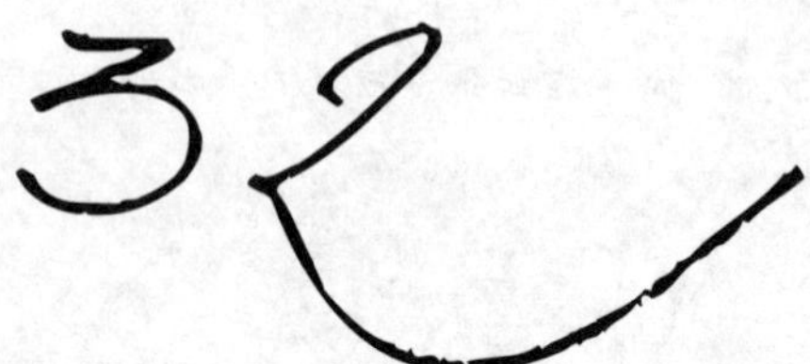

男友逼我和他一起工作我该怎么办?

提问者：女人脆弱啊

我和他拍拖两年了，这两年我迁就他迁的很累，他大男人主义，有时候我和他开下玩笑，他就发脾气，要我哄他才不发脾气，哄了两年了，我好累哦，生怕自己说错什么了，他又发脾气。不过他对我好吧，经常买衣服买东西给我吃，也买东西给我爸爸。记得有一次我做错事了，他打了我一巴掌，我很伤心，不过只是一次而已。现在我们都没工作，我已经和姐妹说好一起去工作，他又说要我们一起上班。他说他想珍惜拥有我的时间。现在他说，如果不和他一起工作上班，还不如早散早好。其实我们还很年轻的。我今年18他今年20，我该选择和他一起还是早散早好？和他一起是蛮开心的。不知道为什么我总是觉得压力好大。你们的意见是什么呢?

问题分析：

“这两年我迁就他迁的很累”，“和他一起是蛮开心的。”但“我总是觉得压力好大”。

定律：

夫妇有别：即“阳性刚强，阴性柔软”，作为女性应柔顺，不刚强忤逆。

“行有不得，反求诸己。”你不能如愿，应从自身找原因。

最佳答案：

其实你们都还没成熟，所以会形成今天这种局面。他的确爱你，但同时又把你当作私有财产；你也爱他，是因为他达到你想要的一部分需求，但你在他这种自私的爱下活得很累。你的压力来自于他的操控和你看待问题的角度。如果你真爱他，能感到有这么一个爱你的男朋友在，你要理解他的性格和为人，顺应他的要求，珍惜你们在一起的时光，和他好好相处，从而不把你对他的顺应当作牵就。每个人都有性格，如果你们的性格能互补，并相互欣赏就是缘，如果老是产生冲突而无法协商一致，就是性格不合，分离在所难免。

33

男朋友避而不见我该怎么办？

提问者：lchh56

我们交往快半年了，因为一点小事，他一个春节一直关机不联系我，之后我去找了他，他说他不了解我，我们不合适，他对我总是很冷，我发了很多邮件给他，向他诉说我对他的情和痛苦，没见他回我，常常打电话给他，他也很不耐烦，我因此天天很伤心。我不想放弃他，所以我还是会不停在网上写信给他，打他电话，可他总是关机，换了另一个号也不告诉我，我很失落。他昨天给我留言是这么说的：“你知道我为什么这样对你吗？因我怕了你。你觉得这样有意思吗？你是不是想把我逼疯你才满意？你是不是想让我一想到你就做噩梦你才放手？我真的怕了你，求求你放过我，成吗？”

我在感叹他真对我没爱了吗？为什么不可以去承担去解决？他这是在逃避我在找的一个借口吗？我要跑去找他吗？他会怎么样想？帮帮我吧？我好困惑矛盾。

问题分析：

“因为一点小事，他一个春节一直关机不联系我”。他“换了另一个号也不告诉我”，他说“我真的怕了你，求求你放过我，成吗？”

定律：

“行有不得，反求诸己。”你不能如愿，应从自身找原因。

最佳答案：

从你的叙述中，可以了解到你很爱他，但他竟然为了一点小事而离开你，这你不得不要深思一下。这小事是一个借口而已，根本的应该是他觉得对你没有爱，他必须要脱身，找个理由出来，而这个理由在你看来又是那么荒谬。所以你据理力争，他却害怕得无处躲藏，“我真的怕了你，求求你放过我，成吗？”

他不爱你了，放了他是最明智的选择，你也不用证明什么。爱不是求来的。

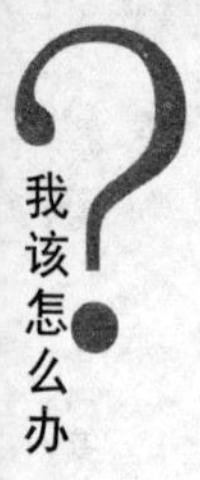

34

爱上已婚男人我该怎么办?

提问者：chenyong_1025

我和一个大我12岁的已婚男人发生了关系，他的婚姻状况是交往一年后我才知道的，他们没孩子，我当时在考试，他怕影响我所以他没敢告诉我，我不想放弃。我爱他，他也爱我，他说会离婚，有谁能告诉我，我该怎么做？

问题分析：

“我和一个大我12岁的已婚男人发生了关系”，“他说会离婚”。

定律：

《太上感应篇》：“祸福无门，惟人自召，善恶之报，如影随形。”

检点自己，心念行为，言语样貌，一切灾祸，都从此起，福是修来的，祸是召来的，福祸和命运，全靠自己心。

最佳答案：

如果你在知道他婚姻状况前和他发生了关系，是你无知；如果你在知道他婚姻状况后和他发生了关系，是你无耻。

古人说“祸福无门，惟人自召，善恶之报，如影随形。”每一个人一生中遭遇的祸福，都是一个人自己感召而来，也就是如果你有善念就有善的回报。你把“我爱他，他也爱我”当作是天经地义的事，却忘了你和他的关系，在知道他是已婚男人时，你就成了第三者，已经违背了社会人伦道德。如果他欺骗你而与你发生关系，即使他是真的爱你，这样的人也不可信，因为结婚后他同样可以欺骗别人，而你就成了他的第二个前妻。

你当下知道他是已婚，即使已经发生关系并且非常爱他，也得决然离开他，不趟这浑水。离不离婚是他的事，但绝不可以是你给他施加影响。他只有离了婚才有资格和你谈感情，否则你种下的恶因必将结出恶果。

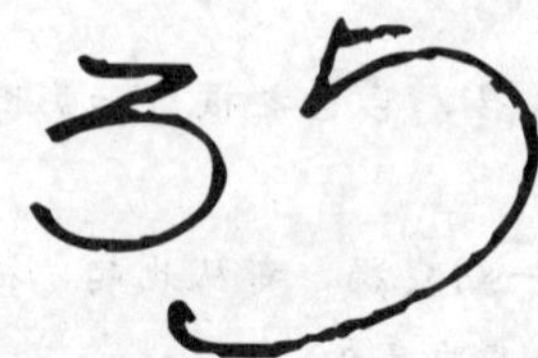

我大龄了不喜欢的人喜欢我该怎么办？

提问者：匿名

我有一个喜欢的人，可是他不喜欢我，现在我身边有一个喜欢我的男人，我们是通过朋友认识的，可是我并不是那么喜欢他，我年纪不小了，因为也有点担心自己会被剩下，所以才不知道该怎么办是好。如果还是个小女孩，就不会这么矛盾，我该接受他吗？

问题分析：

“我年纪不小了，因为也有点担心自己会被剩下来”，“现在我身边有一个喜欢我的男人，我该接受他吗？”

定律：

“命由心造，福自我求。”念头到语言，语言到行为，种子如鸿毛，量变到质变。

最佳答案：

在人的感情生活中，常遇到的是三角恋，你爱的不爱你，爱你的你不爱，一拖再拖，年龄可不管你如何选择，它只管往前走，一晃而过你已被剩下，匆匆忙忙成婚，最后后悔不已。

爱情有两种：一种是日久生情，另一种是一见钟情。现代人什么都速成，对日久生情这种爱情缺乏耐心，都喜欢一见钟情搞闪婚，你说可能百分百完美吗？

你还是不要浮躁，把心沉下来，试着去了解和挖掘对方的优点，你会发觉爱一个爱你的人，比爱一个你爱的但不爱你的人愉快得多。

在人生的旅途中千万不要慌不择路，误入歧途。在正确的人生道路上行走，用善念对待别人，即使不能心心相印，也有同道同行者伴随。如果孤独地行走也是一种人生的享受，也许他在你前行的路上正等着你。

我很喜欢她但我不配我该怎么办？

提问者：青搽

她是一个活泼、开朗的女孩，很单纯很乐观。而我是一个自卑自闭的人，还很胆小，总觉得配不上她。她已经知道我喜欢她，而且我还用短信跟她说过喜欢你，但是她说还太早，怕父母失望，这算是理由吗？还是她在摆脱我？

她生日那天我请她吃饭，送她礼物、鲜花，已经感动到她了。但是这几天发现了点问题，和她QQ聊天的时候差不多都是我主动发的，而她只有回我几个字而已。我可能不太会说话，真的真的真的很喜欢她，这种女孩世界上已经很难找了，我该怎么办？现在我每天借酒消愁，唉，大家说说我还有用吗?

问题分析：

“我可能不太会说话，真的真的真的很喜欢她”，“但是她说还太早，怕父母失望”.

定律：

“行有不得，反求诸己。”你不能如愿，应从自身找原因。

最佳答案：

她活泼开朗，而你自闭内向，这是性格错位，是她的性格吸引了你，而她不一定被你的性格所吸引。

爱要靠感觉和缘分，你每天借酒消愁只能说你真的很不自信，非常自卑。她说还太早，你就把她当作一般朋友和她继续相处，适可而止地关心和爱护她，但不要让她感到很大的压力，让她喘不过气来。你追得太紧或者自暴自弃，是不可能让她来爱上你的。作为男人，首要的就是顶天立地，绝不感情用事，不自暴自弃，做出你的成绩来，树立起你在她心中的高大形象来。她爱你更好，不爱你自有爱你的人会出现。

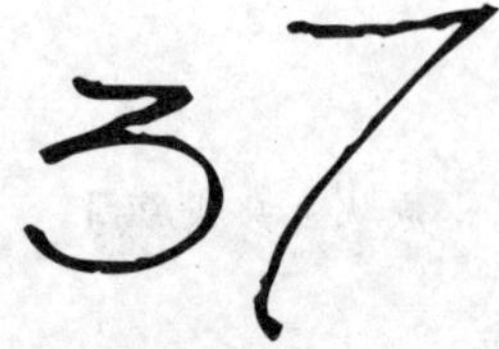

感情没进展怎么办?

提问者：xiaofu350

他应该是喜欢我的，可是他好像不知道怎么去喜欢、去爱一个人，因为他的生活里一直就只有男人，从来就没有接触多少女孩，跟他在一块应该是太平常了，跟普通朋友差不多，可是我要怎么做？而且我们还不在一个城市上班，怎样才能进展？？

问题分析：

“跟普通朋友差不多，可是我要怎么做?”

定律：

“行有不得，反求诸己。”你不能如愿，应从自身找原因。

最佳答案：

你们的感情没进展，主要是没有明确关系，作为男孩应该主动而他偏偏不主动，你觉得你是女孩又无法主动。从你的描述中，他对你的喜欢有可能只是你的主观想法，也许他只是把你当作一个普通朋友。“行有不得，反求诸己。”你不能如愿，应从自身找原因。你和他没有进展，最简单的办法就是捅破这层窗户纸，明确告诉他你的心意，如果他爱你就一定会有回应。

有慧眼的人发展幸福，发展幸福的人，会选择幸福，选择幸福的人，要珍惜幸福。

中国计量学院　徐莉莉教授

38

男友和别人暧昧我该怎么办？

提问者：小安末

就在前几天，我跟男朋友吃完饭，然后我要去一个朋友家有些事情，结果手机却没有电了，于是我就向他借了一只手机。路上我无聊，于是翻手机玩，结果就翻到了很多不该看到的东西——他跟一个女孩子的暧昧短信。

后来我回家之后，拿话套着他，套他把手机给我看，然后就把这件事情给引出来了。男朋友也一直在给我道歉，但是我真的伤心和愤怒到一定程度了，一直抓着这件事情不放。他就怒了，说我已经道歉而且保证不会再发生了，你还要怎么样？我也不知道他是恼羞成怒，还是根本只是做做样子。我们还发生关系了，有这种关系，分手就不是一件简单的事情了，而且我甚至都不知道怎么跟父母解释。不分手，我总觉得我不甘心将就这样一个男人。男人婚前我都忍了，婚后还不知道怎么样呢？而且我心里总觉得他不是真心在道歉，他没有意识到这种事对对方是多大的一种伤害。我要怎么办才好？

问题分析：

“男朋友也一直在给我道歉，但是我真的伤心和愤怒到一定程度了，一直抓着这件事情不放。”“不分手，我总觉得我不甘心将就这样一个男人。”

定律：

夫子之道，忠恕而已。

相由心生，境随心转。

最佳答案：

你的问题表面上是出在你男友身上，其实是由你而引起。“男朋友也一直在给我道歉，但是我真的伤心和愤怒到一定程度了，一直抓着这件事情不放。”这就是问题的根本！你一直抓着这件事情不放，你到底要怎样的结果？夫子之道，忠恕而已。爱男朋友就要懂得忠心和宽恕别人，给他机会。如果“不分手，我总觉得我不甘心将就这样一个男人。”其结果只能分手。相由心生，境随心转。一个人的态度由心里的想法产生，一个人的心境随着一个人的看法变化。你觉得这事非常严重，无法原谅，就是无法宽恕他，不能宽恕就心生怨恨，怨恨之毒必然毁坏心智，导致分崩离析，这是你想要的结果吗？

我的男朋友要出国了我该怎么办？

提问者：yuanchang1203

我喜欢的男生终于喜欢我了，并且前几天跟我表白了，我好高兴，我接受了他，我以为我的幸福终于来了，我终于等到一个我喜欢也喜欢我的人。可是由于他的一些原因和家庭的一些原因，他选择了8个月后出国念书，而我家是没有这个条件供我出国的，而且一去就是至少三年，我怎么办？我该怎么办？我能怎么办？我心里好乱啊，出国就面临分手，我不想分手，谁来告诉我，我该怎么办？

问题分析：

男友出国读书要三年，出国就面临分手，我该怎么办？

定律：

《孝经》："不爱其亲，而爱他人者谓之悖德"。不爱亲人而爱他人，是违背人性天理。

最佳答案：

他是出国念书，还会回来或者就在国外工作，但这和恋爱并不矛盾，恋爱是无国界无地域之分的。如果他真的爱你，距离决不是问题。而且他是8个月以后才出国，你们完全可以先谈起来，即使他一定出国，对你们未尝不是一件好事，因为你们只是暂时的分开三年，而爱情正是需要用时间、距离去磨练与考验的，三年后你们就会找到更好的解决办法。

40

想和我男友分手对方不愿意怎么办?

提问者：朵朵A

我爱上了另一个人，想和我男友分手，可是我男友把工作都辞了从国外回来要挽回，可是已经没有意义了。我爱的那个男人现在也没在身边。我好害怕我男友，我现在全身打颤，冒冷汗，眼皮还直跳，我不知道他能做出什么来，以前他和我说结婚我就怕的要命，都一拖再拖了，我好怕好怕，我该怎么办？

问题分析：

“我爱上了另一个人，想和我男友分手，”“以前他和我说结婚我就怕的要命。”

定律：

“行有不得，反求诸己。”你不能如愿，应从自身找原因。

最佳答案：

你可能比较优柔寡断，因为爱上了另一个人，所以到了必须和男友分手的地步，其实你既然“以前他和我说结婚我就怕的要命”，为什么一拖再拖？你和男友分手不要和爱上了另一个人扯在一起，这会引起男友对另一个男人的仇恨，你的理由就是不合适，分手而已。

41

男友不爱我我该怎么办？

提问者：小123xiao123

元旦我去看了我的前男友，因为是异地，分手都是电话里面说的，总是觉得第一次的恋爱不要那么轻易的放弃就一直坚持了半年，在这半年里我总是给他电话，反正我做了所有痴情女的行为，以至于弄得他身边的兄弟很烦。我元旦买了票以后给他电话，他反对我去，让我去退票。我当时就是不退，就想当面看看他是不是真的不爱我了。去了我感觉到好陌生，那天我打扮的很漂亮的，可是他没有一点表情。晚上他给我开了房间，自己就走了。记得朋友曾经跟我说用性唤起他对我的爱。第二天他去找我，我把他挑逗得很兴奋，最后他还是达到目的了。看他手机的时候我看到了一条短信，才知道他有新欢了。我一直都告诉过他只要他有新欢了，我绝对不会纠缠他的，可是他让我过得那么痛苦那么累。最后还用一种性爱关系收场，我觉得自己好恶心，觉得他更恶心。现在我好痛苦，不知道因为什么？我感觉我把他宠坏了，我该怎么办？

问题分析：

“最后还用一种性爱关系收场”，“现在我好痛苦”。

定律：

“行有不得，反求诸己。”你不能如愿，应从自身找原因。

五毒之一：“愚痴”，“愚痴”之心同样感召灾难。

最佳答案：

恋爱不是用性去维持，而是用心去交流。当爱没有的时候，也就没有了心，你想用性去唤起他的爱，是一种非常天真幼稚的想法，是五毒之一之“愚痴”，“愚痴”之心同样感召灾难，让你平白无故送上门，失去尊严遭人鄙视。你不要再试图挽回什么，离开他你才能找到你失去的尊严。

八年恋情无结果我该怎么办?

提问者:安静的狼崽

八年前我深深的爱上了我的中学同桌,她不算很漂亮但很可爱。八年前,我们一起学习,一起快乐,我深深的爱着她,我怕影响她学习,我把爱深深埋藏,只偶尔给打个电话,后来她上了一个好大学,我们的距离更远,她说要考研,我很高兴,因为等她研究生毕业我也就大学毕业了,我们就能在一起了,可悲的是她后来还是放弃了考研直接参加了工作,我很悲痛。我给她打电话,她说我们都不知道各自的未来在哪里,我害怕失去她,失去她我真的再没勇气好好生活,苦苦的八年我只希望我能有个说爱的筹码,可结局还是如此的悲惨。八年来,我每天都能想起她的样子,上课满脑子都是她,每天都很牵挂她,我害怕她受委屈,我害怕她受累;八年我放弃了所有喜欢我的女孩,我不懂命运为什么要如此捉弄人,面对如此的人生,我很失落,我不懂该怎么办?

问题分析：

“苦苦的八年我只希望我能有个说爱的筹码，可结局还是如此的悲惨”。

定律：

“行有不得，反求诸己。”你不能如愿，应从自身找原因。

五毒之一：“愚痴”，“愚痴”之心同样感召灾难。

最佳答案：

“苦苦的八年我只希望我能有个说爱的筹码”，你的行为在你看来看似感动，但并没有感动到她，因为她并不了解你的内心，只认为你没出息。“行有不得，反求诸己。”你不能如愿，在于你自己，你想用苦苦的八年换个说爱的筹码，这是赌徒心态，愚痴行为，爱不是赌来的，也不是痴来的，是感应，是缘分。把爱说出口，不管缘起缘灭，是你的跑不掉，不是你的追不到。如果恋爱是不平等的，即使你追到了手，苦苦的就不止一个8年。

43

男朋友和我价值观不同怎么办？

提问者：wzg00112233

我和男朋友谈恋爱一年多了。我们现在在同一个部门同一个办公室。我们俩谈恋爱基本上是全单位人都知道了，并且双方家长也见过了，过年也去对方家过了。

我现在的问题是，我觉得我男友和我在价值观上是相差太多的两个人。他崇尚的是哲学上后现代主义流派，他认为什么规则规矩都是狗屁，他只在乎他自己个人的选择和自由。有很多时候，我们明明事先已经定好了计划，可因为他临时的一些事，就耽误了，而这样我觉得很不值得，并且让我很为难。很多事都说话不算数。这一年多，他扔过10个手机，除了第一个是他自己的，剩下的全是我给他买的，他还打过我两次。为此，我专门去做过心理咨询，心理老师说是我的责任，让我改变。我现在总是在想是不是应该和他分开，可每次又觉得很舍不得，另外，他总是说很喜欢我，离不开我。我心里很痛苦！我想请大家帮帮我，我该怎么办？

问题分析：

“我觉得我男友和我在价值观上相差太多”。“我现在总是在想是不是应该和他分开，可每次又觉得很舍不得。”

定律：

“行有不得，反求诸己。”你不能如愿，应从自身找原因。

五毒之一：“愚痴”，“愚痴”之心同样感召灾难。

最佳答案：

古人说“行有不得，反求诸己。”你不能如愿，应从自身找原因。而你的自身原因就是“愚痴”，放任他的任性。心理老师说是你的责任，让你改变，也就是说，你改变不了他只有改变你自己，寻求一致的价值观，而你不能改变就会痛苦，那就得让他改变，如果他不能改变，就得分手，因为真的不适合生活一辈子。

44

我喜欢的人不愿意回到我身边我该怎么办？

提问者：匿名

我喜欢的人，因为喜欢别人，她就和我分了，说要和我做普通朋友，当时我选择了尊重她，祝福她。现在她又和那个人分了，第一个告诉我，并且回来找我发短信聊天，我暗示过她我不想放弃，可是她没有给一点点回应，我还想告诉她，回到我身边，回到过去，可是我没有勇气，因为我知道她肯定还喜欢那个人。我只能选择默默的陪着她，不开心的时候在她身边，目前只是好朋友，我兄弟跟她说，要她多理解我下，关心我下，她却跟我兄弟说，目前回到以前是不可能了，我也不知道能不能回到以前，我也很无奈，我快痛苦死了，我该怎么办?

问题分析：

“她不愿意回到以前，我也很无奈，我快痛苦死了。”

定律：

《太上感应篇》：“祸福无门，惟人自召，善恶之报，如影随形。”检点自己，心念行为，言语样貌，一切灾祸，都从此起，福是修来的，祸是召来的，福祸和命运，全靠自己心。

五毒之一：贪婪心。贪婪心是灾祸的根源。

最佳答案：

当初她离开你时你选择了尊重她，祝福她。而当她现在的男友离开她时，你却痛苦了，因为你还想回到以前，而她说不可能。人为什么痛苦？是因为贪婪，想得到不可能得到的东西！如果你能像她第一次离开你时选择了尊重她，祝福她，继续和她成为普通朋友，你怎么会痛苦呢？

是你的，跑不掉，不是你的别强求。你是男人！当你不求回报地付出时你就会感到幸福。

45

男友忽冷忽热我该怎么办？

提问者：bjgytd

和男朋友认识将近一年的时间了，但见面的时间很少。一开始是一个星期见一次面，再后来就是半个月见一次面。在9月份的时候，他提出了分手，说我不合适他，给他带不来快乐。我挽留了但是还是分手了，分开后他不给我发信息也不给我打电话。我主动给他发信息打电话他也不理我。

在12月份的时候他要来我这边看病，给我打电话了，我帮他找酒店。我花了好多时间为他跑这事儿。他说我还是挺好的，还说他不接我电话不回信息是他不对，还向我道歉，说以后不这样了，我还在想我们是和好了。

但是分开后，我关心他，给他发了好几条信息他也不理我。我好失望呀。觉得你为什么要骗我？我很恨他。我又不是非你不可，但你为什么要这么对我？我该怎么办？

问题分析：

“但是分开后，我关心他，给他发了好几条信息他也不理我”、“我很恨他。我又不是非你不可，但你为什么要这么对我？”

定律：

“行有不得，反求诸己。”所作所为不能如愿，应从自身找原因。

最佳答案：

其实他早就不爱你，你混淆了爱情与朋友的关系。他来看病麻烦了你，也只是在做一般朋友的一件事，而你还是认为他找你是因为对你有感情。这真是误解和假像，因为你给他发了好几条信息他都不理你，他是做得对的，否则他就陷入更大的感情旋涡，最后你也会怪罪到他：“你既然不爱我，为何要理我？”你说是不是？

46

对方要我倒插门我该怎么办？

提问者：913500214

朋友给我介绍一个女朋友，我们见面后互相都满意！一个月时间我们成了恋人！我们在一起两个月了，直到有一天我遇到女友的表姐！当时表姐对我说了一句话“你小子走运了，遇到这么好一个姑娘！”当时我觉得表姐说这话我听着不服气，心想难道我不好吗？就问她为什么这么说，表姐说她家里有钱呀！她老爸是个老板！而我只是一个月只有三四千的打工仔！女友是独生子女！表姐说叔叔让我上门！我当时就说不可能上门，我也是独生子女！我要去她家上门我爸妈怎么办！别人怎么说我！我是还不知道女友的家境我们就在一起了！我们当时很相爱！可是现在我不敢说爱！我怕我爱不起！怎么办！该结束了吗？

问题分析：

“女友是独生子女！表姐说叔叔让我上门！”“我当时就说不可能上门，我也是独生子女！”

定律：

《孝经》：“不爱其亲，而爱他人者谓之悖德。”意思是：不爱亲人而爱他人，是违背人性天理。

最佳答案：

《孝经》上讲：“不爱其亲，而爱他人者谓之悖德。”意思是：不爱亲人而爱他人，是违背人性天理。你把父母亲放在首位，足见你是一个孝顺的人，但孝顺和爱情并不矛盾，对你女友来说，她的父母她也要去孝顺，而如果你与女友结婚，那么她的父母也就成为你们共同的父母，你必须也要尽到孝心。这里的关键是你把你们共同的父母看成了独立的两对父母，这是导致你困惑的原因，其实你的问题非常容易解决，既然都是独生子女，双方父母都一定是以爱你们为出发点，所以可以坐下来好好商量一下，如果不能达成一致意见，就找到你们认可的第三个独立点，创造自己温暖的家，好好孝敬双方父母，同样可以做到两全其美。

47

两个人都爱我，我该怎么办？

提问者：柲__ 1.爿涳白

我和男朋友处了两年了，然而他为了我们的以后，去选择了当兵，算算也走一年了，他什么都包容我，默默的爱着我，无论什么时候，不管谁对谁错，他都哄着我，爱着我。现在他总是每天给我打电话，问我在干什么，他是小心眼还是太在乎我？可是现在的我，真的不知道该干什么，很无助。然而，现在却出现了另一个男生，以前我们是很好的朋友，他什么事都不低头，可是他为了我，竟然求我，虽然我对他有好感，但我却拒绝了他，我觉得我是有对象的人。为了这事，我们两个月没联系，可是最近他在网上又加了我，说他还是放不下，问我和我对象分没分？他总是想让我当他的老婆，我说我什么都不会，他说你对象能做到的，他也可以做到。我还继续拒绝他么？我该怎么办？

问题分析：

“我和男朋友处了两年了”，“然而现在却出现了了另一个男生，以前我们是很好的朋友，他什么事都不低头，可是他为了我，竟然求我。”“我还继续拒绝他么？”

定律：

《太上感应篇》：“祸福无门，惟人自召，善恶之报，如影随形。”检点自己，心念行为，言语样貌，一切灾祸，都从此起，福是修来的，祸是召来的，福祸和命运，全靠自己心。

五毒之一：贪婪心。贪婪心是灾祸的根源。

最佳答案：

一个是处了两年，为了你们的以后，去选择了当兵的什么都包容你的男友，另一个是“什么事都不低头，可是他为了我，竟然求我”的人，“他说你对象能做到的，他也可以做到。”你信谁？他是用说的还没有行动，但你男友是用做的，用两年的行动已经证明给你看。如果有“下一个一定是更好的”的贪婪心理，一切灾祸就此发生。首先，你的男友爱你如此之深你一定知道会伤他多深，其次另一个男生嘴上说的不一定能做得到，因为“他什么事都不低头”，你的爱是他求来的，求来的爱不是真爱，相处也会很不公平，他一旦达到目的，就不会再“求”你，那时你就悔之晚矣！

珍惜拥有的，继续拒绝！祝福你！

48

我该等他离婚吗？

提问者：1481258274

我和他相识于网络，我是湖南人，在浙江工作。他是浙江人，小我三岁，我离婚了有一小孩。

在没见面时他和我说，他和老婆关系不好，分居一年了，他离婚是迟早的。于是我们从网上来到了网下，也正式开始了交往，他不止一次的问过我家结婚的习俗，构画结婚后的生活。我发觉自己喜欢上了他，我对他比他对我要好的多。

一年后，他老婆想要回到他身边了，我让他在我们之间做选择，他却说仍旧爱我，但是，会选择她的可能要大。因为他若选择我的话，我的小孩加上他本身欠着不少的债，他无力承担，他希望我能找到更好的。但同时他还是会在意我和别人的交往。而且他和我说："其实我想你等我，如果我和她离了，我还能回来找你结婚，你是我这辈子唯一一个真心对我的人。"尽管如此，我心里还是放不下他，我不知道该不该等下去？

问题分析：

“他却说仍旧爱我，但是却会选择她的可能要大。”“尽管如此，我心里还是放不下他。”

定律：

《朱子治家格言》：“伦常乖舛，立见消亡。”违背人伦秩序，马上出现灾殃。

五毒之一：贪婪心。贪婪心是灾祸的根源。

最佳答案：

《朱子治家格言》：“伦常乖舛，立见消亡。”违背人伦秩序，马上出现灾殃。首先我不怀疑你对他的爱，但你和有妇之夫谈恋爱，已经违背人伦秩序，灾殃难免，你的付出必然成为泡影。而他说爱你只是一种借口，用你对他的痴迷不悟蒙蔽你，你的付出越多，你就越不愿意离开他，你最多是他的一个情人和摇钱树，但要与你结婚几乎不可能。贪婪心是灾祸的根源，这样的人是不值得你去等待和爱的！

拒绝了别人又后悔了我该怎么办？

提问者：caishuai8888

前两个月我经别人介绍个对象，结果是我的初中同学，真是女大十八变，她又漂亮又有气质，我很喜欢，谈了几天我觉得挺尴尬，因为谈的时候她说话挺幼稚的，也挺可笑的。后来因为我那几天有事，也忘了跟她联系，在打电话的时候也没说什么，但第二天她就说我们的性格不合适就吹了，现在我想起来真的挺后悔的，怪我没有好好的把握住。不知道还能挽回吗？前几天联系了下她还没结婚呢，我想挽回会不会让她看不起我，讨厌我啊！我该怎么办？

问题分析：

“她又漂亮又有气质，我很喜欢，谈了几天我觉得挺尴尬，因为谈的时候她说话挺幼稚的，也挺可笑的。”后来“也忘了跟她联系”，“但第二天她就说我们的性格不合适就吹了，现在我想起来真的挺后悔的。”

定律：

“行有不得，反求诸己”。所作所为不能如愿，应从自身找原因。

最佳答案：

扪心自问，你所有的行为已经是你的最佳选择，你为她的外表所吸引，你也因为了解她而排斥，你不是忘了给她打电话，而是从内心已对她产生了距离感，而当对方离开你时，你又觉得不舍，觉得后悔，没得到的就是最好的。你想挽回，又担心她会不会让她看不起你，所有的一切表明你在乎的是自己，而不是她的感受。

所以她的离开是非常正确的，如果你不能从根本上知道自己想要什么，挽回也将无济于事，最终只会给双方造成不必要的伤害。

50

女朋友不能生育，我该怎么办？

提问者：匿名人士86689

我跟我女朋友在一起两年了，感情一直很好，也很快要结婚了，可就是在最近一段时间她检查出幼稚子宫，不能生育（女友认识我的时候21岁，现在24岁）。女朋友整天哭得像泪人一样，我家就我一个独子，我爸一直想抱孙子，我爷爷年纪很大了也盼着抱重孙子，我从小爷爷就对我很好，盼着四世同堂。面对一家人的盼望，无论我选择哪头，好像都不能心安。面对女友和家人我该怎么选择？

问题分析：

“女朋友不能生育，我家就我一个独子，无论我选择哪头，好像都不能心安。”

定律：

《孝经》:“不爱其亲，而爱他人者谓之悖德。”意思是：不爱亲人而爱他人，是违背人性天理。

《朱子治家格言》：伦常乖舛，立见消亡。

“行有不得，反求诸己”。所作所为不能如愿，应从自身找原因。

最佳答案：

你心不安，说明你两边都没法放弃，但爱有个顺序：爱亲人，爱他人。《孝经》:“不爱其亲，而爱他人者谓之悖德。”《朱子治家格言》:“伦常乖舛，立见消亡。”违背人伦秩序，马上出现灾殃。所以当亲人的希望与你的现状产生矛盾的时候，是考验你们是不是真爱的时候。如果你们真心相爱，时间会为你作出解答，所以先听从父母亲的意见，缓和矛盾，同时陪女朋友去医院积极治疗，你不用着急结婚，其实父母都是爱孩子的，当孩子的痛苦远大于父母的痛苦的时候，问题就一定会迎刃而解。

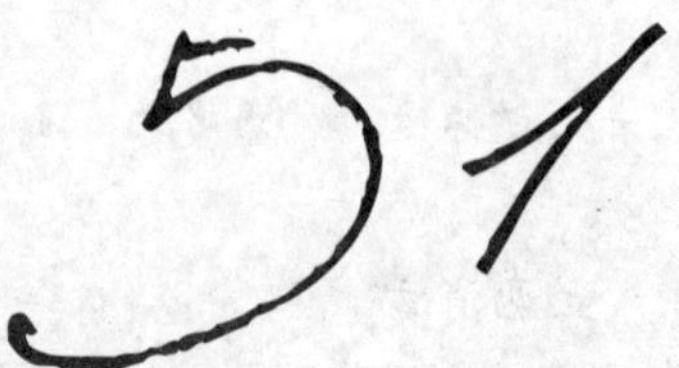

好伙伴抢了我的男朋友，我该怎么办?

提问者：蝶蝶恋花

我那么喜欢他，那么爱他，他却也背叛我!我真的觉得自己很可悲，我做梦也没有想到，我最喜欢的两个人会伤害我，为什么他们要那么残忍……

我是一名初三女生，我和她是同班同学，是最好的朋友，曾经是她帮我们牵线搭桥，我信任她，所有的事情都会告诉她，为了不至于太冷落她，我总是会在我们的情侣活动中叫上她，我们一起看电影、打篮球……那么开心，那么和谐，但是当我最期待的暑期到来的时候竟然发现他们早就搞在一起。他们为什么要这么对我，我时时刻刻为他们考虑，他们却不顾我的感受，我好恨，想和他们同归于尽。但是我又还有爱我的父母，我不能对不起他们，我该怎么办?

问题分析：

“最好的伙伴抢了我的男朋友，我该怎么办？”

定律：

《孝经》：不爱其亲，而爱他人者谓之悖德。

《朱子治家格言》：伦常乖舛，立见消亡。

《弟子规》：亲所好，力为具；亲所恶，谨为去。

五毒之一：怨恨。

最佳答案：

这个答案非常简单，不爱亲人而爱他人，已是违背人性天理。违背天理，自然就有灾难。初三，不是谈恋爱的季节，爱情也不是你的全世界，父母不喜欢的事你在做，因为不成熟，所以把人生中这段短短的感情看作了你的人生全部，甚至于要自毁人生，何其可悲，当你成熟以后，你就会发觉年轻时的自己会是多么的幼稚和可笑。“我那么爱他，他却也背叛我。”这是单向的感情，不值得你去爱。“想和他们同归于尽。”这是怨恨心，是五毒之一。既然他们是你最喜欢的两个人，宽恕他们就是放了自己，你要一个爱别人的人已无任何意义。你不如放下情感，努力读书，5年后你会庆幸自己现在作出的选择是非常的正确！

第三个怎么办

面对工作的困惑

我想提出加薪怕老板不开心我该怎么办?

想辞职可是辞职后又不知道要做什么好，我该怎么办?

我的上司老是欺负我我到底该怎么办?

我的事业我不能作主我该怎么办?

公司借故辞退我我该怎么办?

老公不让我做小姐我该怎么办?

天天觉得混日子怎么办?

我做保姆受辱怎么办?

老板不和我签合同也不缴金我该怎么办?

……

我想提出加薪怕老板不开心我该怎么办？

提问者：即令

我在一家合资企业任市场部助理。一年多来，老板既没有对我进行工作评价，也没有给我加过薪水。我想和他提出加薪，但是又怕加薪不成反而对我的工作不利，我该如何是好呢？

问题分析：

老板一直不给我加薪水，我想和他提出加薪，但是又怕加薪不成反而对我的工作不利。

定律：

“行有不得，反求诸己”。所作所为不能如愿，应从自身找原因。

《太上感应篇》：“祸福无门，惟人自召，善恶之报，如影随形。”

最佳答案：

“行有不得，反求诸己”。老板不加工资，先要检点自己。你做了多少？贡献了多少？你“怕加薪不成而又对我的工作不利”，说明你还是能感应到可以预料的后果，在职场上，没有哪个人是不可替代的。少了谁地球都一样转。恃才傲物在职场上行不通，加薪不加薪，一般公司自有规定动作，老板也自会考量，如果老板健忘，你非提不可，在提要求前，得先掂量掂量自己有没有这个资格。但即使你有这个资格提，但只要提了，多半你期满就得走人。

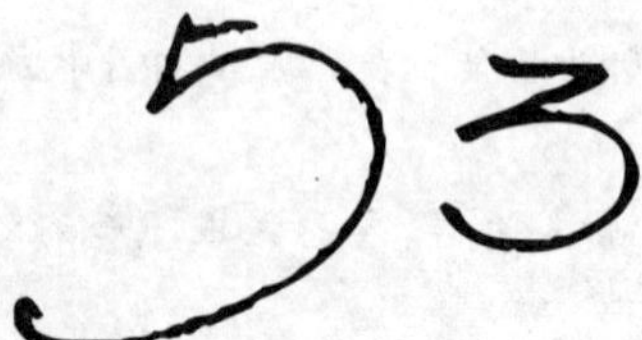

想辞职可是辞职后又不知道要做什么好，我该怎么办？

提问者：WEICHUN1986

我在一个电子厂工作了7年了，我在里面现在是做管理的，老板娘是我妈的朋友，他对我不错，可我们老板是个是非不分的人，里面有一个师傅是老板的亲戚，老是跟我作对，工作做得好，功劳就是他的，做得不好，责任就是我的，我现在工资才3000元，在我们老板眼里我已经很高了，他打心里想赶我走，可是我妈跟他老婆是好朋友，他所以没有说出口。我现在心情很烦，想辞职了，可是辞职后又不知道要做什么好，想学其他手艺，当学徒工，工资又不高，现在已经27岁了，还要养老婆孩子，我不知道我该怎么办。因为我做的这种是电容测试机，每天工作12个小时，也没休息的，请假就要扣工资，再说了这种厂很少有的，很难找的，也没有什么前途，做了这么久也腻了，我该怎么办？

问题分析：

“里面有一个师傅是老板的亲戚，老是跟我作对，”“老板是个是非不分的人”，“我现在心情很烦，想辞职了，”“我不知道我该怎么办”。

定律：

“行有不得，反求诸己”。所作所为不能如愿，应从自身找原因。

灾祸的根源：人人为钱，不守本分，不顾一切。

最佳答案：

“行有不得，反求诸己”。所作所为不能如愿，应从自身找原因。里面有一个师傅老是和你作对，老板又是一个是非不分的人，究其根源，是你在他们的心目中产生了敌对态度，因为你不满足3000元的工资，而且你对工作已产生“腻”的心态，在潜意识中就会出现看菜吃饭，得过且过的心理，有意无意地体现到工作中，这怎么可能做好工作呢？怎么可能让老板开心呢？所以不从根本上了解自己的心态，改变自己对工作的态度，恐怕你换一百个工作结果都会一样。

54

我的上司老是欺负我我到底该怎么办？

提问者：xiaolinre

我是一个女的，我上司是个已婚男性，他老是欺负我，每次我都尽量反抗了，但还是没用，我是留在这里还是辞职？

问题分析：

“上司老是欺负我。”

定律：

“行有不得，反求诸己”。所作所为不能如愿，应从自身找原因。

《易经》：“慢藏诲盗，冶容诲淫。”

慢藏：收藏不慎；诲：诱导，招致；冶容：打扮得容貌妖艳；淫：淫邪。

意思是收藏财务不慎，等于叫人来偷，女子打扮得过于妖艳，无异于引诱人来调戏自己。

最佳答案：

“行有不得，反求诸己”。所作所为不能如愿，应从自身找原因。先检查自己的言行以及打扮，如果你打扮过于妖艳暴露，无异于引诱别人来调戏自己。如果你言行轻薄，更易引火烧身。在他轻举妄动时，你严辞拒绝了吗？“每次我都尽量反抗了。”这就是问题所在，你让他得逞了，而没有有效的阻止下一次的发生，这等于和他说：我拿你没办法，你继续吧。

辞职就像西医看病，生个瘤，切除！但如果你不找出病根，瘤还会复发。你得找出自己的“病”根，否则，无论到那儿，都会再次发生上司老是欺负你。

我的事业我不能作主我该怎么办？

提问者：zcl881031

我是20岁的男生。我爸6月份给我开了一个辅料店，他做这行已经做了二十来年了，现在想让我也做这行，可我不想做，我自己对这行没有兴趣，但我爸是死脑筋。我性格本来就内向，要跟服装厂打交道我不想，我自己认为对自己不感兴趣的事情做起来也不会开心。我爸说过年后给我买辆十来万的车子给我在这里送货使用。我觉得自己做这个生意做不大，毕竟心里不想去做。

我自己想开一家烧烤店，我觉得前景很好，毕竟开饮食店是收现金，做生意还要收账。我想我爸说给我买车子，我车子不要想把钱投入到烧烤店，我不知道应该怎么跟我爸去沟通。毕竟辅料店投了十几万才做了1年就不做的话，我觉得自己很对不起爸爸。心里很纠结。到底该怎么办？

问题分析：

“我爸6月份给我开了一个辅料店，”而“我自己想开一家烧烤店。”

定律：

《弟子规》:“父母呼，应勿缓；父母命，行勿懒。”

父母呼唤的时候，要立刻答应，不能迟缓；父母要你做事的时候，要马上去做，不能拖延偷懒。

最佳答案：

无论你的想法有多好，因为都只是想法。你能保证烧烤店一定盈利？你做生意只愿收现，不愿和人沟通，说明你目光短浅，要做大生意不太可能，因为做任何生意都必须与人打交道，因此你首先必须克服自己的心理障碍。而你父亲用他的成功经验和资金为你铺平道路，如果你都不愿磨练一下自己，想当然地要开烧烤店，你怎么可能做好和做大？再说，目前情况下，没有你父亲的支持你能开店吗？古人说：“父母呼，应勿缓；父母命，行勿懒。”父母呼唤的时候，要立刻答应，不能迟缓；父母要你做事的时候，要马上去做，不能拖延偷懒。做父母的出发点肯定是为你好。当然，你也可以和你父亲沟通一下，看看他会怎么说，如果他支持你那更好，如果他不支持你，那你就按父亲的想法去做，对待父母要孝顺，不只是孝，还要顺，顺着他们。烧烤你可以作为你的理想，但必须等到你有能力有资本，能独立去做时才能做。

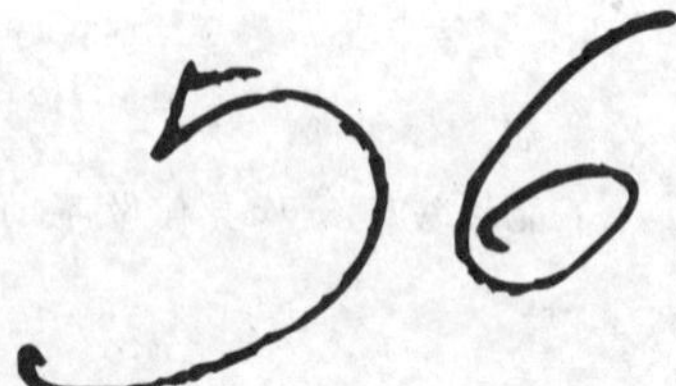

公司借故辞退我我该怎么办?

提问者：woxingbai

前段时间我连续丢失两部手机，在公司领导不同意我报警的情况下我报了警，公司为此把我辞退了，但到今天已经一周了，一直没让我回去办理手续，我该怎么办?我在这个公司工作快5年了，签的无固定期限合同，一直很敬业，也没有发生什么差错，到头来却是这么一个结局，现在我真的不知该如何面对满头白发的父母和天真活泼的儿子。后来，公司领导也承认这样处理对我不公平，这样公司是否应该给我一定的经济补偿和经济赔偿?我该怎样处理和公司关系?如果我提出要求公司继续履行合同是否受劳动法保护？我该怎么办？

问题分析：

“在公司领导不同意我报警的情况下我报了警，公司为此把我辞退了。”

定律：

《弟子规》:“事虽小，勿擅为；苟擅为，子道亏。”不要因为事情小，就擅自去做。假如自作主张地去做事，就不合乎做儿女的道理了。

《老子》第五十八章：“祸兮福之所倚，福兮祸之所伏。”祸嘛，里头有福睡着；福嘛，里头有祸藏着。

最佳答案：

你在公司连续丢失两部手机，为什么丢失的总是你的手机？这是其一，公司领导为什么不同意你报警？这是其二？你也许会说我怎么知道？是的，你不知道，但你做错了。古人说：“事虽小，勿擅为；苟擅为，子道亏。”不要因为事情小，就擅自去做。假如自作主张地去做事，就不合乎做儿女的道理了。公司领导如同父母，员工如同兄弟姐妹，你自作主张报警表面很正义，其实你只考虑自己的利益而把你的同事和领导放在了不利地位，你只管把问题交给领导就行了，是否报警应由领导决定。你的行为合法不合理，公司辞退你是合理不合法。

既然公司领导也承认这样处理对你不公平，就和公司协商解决，你就诚恳地说我热爱这份工作，热爱这个公司，要求公司继续履行合同，至于其他相信领导会合理处理，千万不要诉讼，记住吃亏就是福。

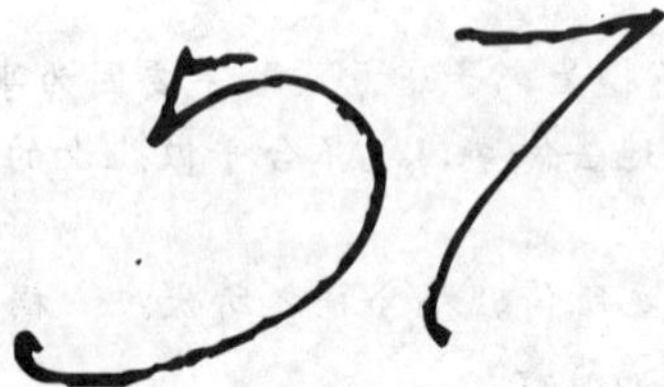

老公不让我做小姐我该怎么办？

提问者：可爱多爱杰

我一开始是做小姐的，但是从不出台，后来挣了一万块钱以后我就洗手不干了。然后我为了让自己彻底摆脱这种生活，去上了英语培训班，学习结束以后，我就去了一家电脑公司上班做销售，很辛苦，一个月就只能拿到一千多的工资，不够自己的开销。在公司里，我认识了现在的老公杰，杰和我在一起的时候还是个处男，因为他是第一次，人又老实本份，所以我很珍惜他。

我们在一起同居有半年了，感情真的很好，杰知道我的过去，他说过去的事情就过去，只要以后好好过日子就可以了。慢慢地我的钱花完了，我还是想继续去上夜班，杰死活都不同意，我好郁闷，我根本都不会做对不起他的事情，我觉得没什么。可是现在，杰死活都不肯让我出去，他说我在提一个全世界男人都做不到的要求，杰说：我拿着那种工作挣的钱去买菜，连饭都吃不下。我不知道该怎么办?

问题分析：

“慢慢地我的钱花完了，我还是想继续去上夜班，”可是“杰死活都不肯让我出去。”

定律：

《弟子规》：“斗闹场，绝勿近，邪僻事，绝勿问。”

凡是打架嬉闹的场合，一定要远离而不去接近。凡是不正当、不合情理的事情，一定要远离而不去过问。

《太上感应篇》：“取非义之财者，譬如漏脯救饥，鸩酒止渴，非不暂饱，死亦及之。”

夺取不义之财，就像吃有毒的肉脯充饥，饮有毒的酒解渴，不但不能暂时果腹，离死亡也不远了。

五毒之一：贪婪。贪婪心是灾祸的根源之一。

最佳答案：

从表面上看，你很爱你的男友，但你的行为恰恰是在伤害你的男友。古人说“斗闹场，绝勿近；邪僻事，绝勿问。”这种色情场所绝不能去，为什么？因为你取得的金钱是不义之财，是肮脏的，就像你男友说的：“我拿着那种工作挣的钱去买菜，连饭都吃不下。”凶财易进易出，你的不劳而获思想说严重一点就是贪婪！贪婪心是灾祸的根源之一。你如果一意孤行，反而陷入你好不容易离开的是非之地，当男友不再容忍你时，你非但得不到幸福，灾祸也会接连不断。

珍惜你的杰，脚踏实地赚干净的钱，你的生活才能幸福美满。

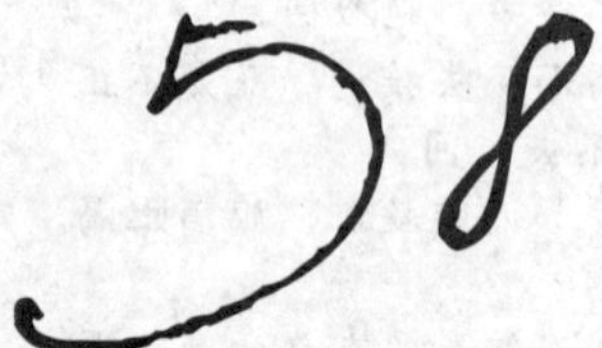

天天觉得混日子怎么办？

提问者：476224346

我很矛盾，不知道该怎么办。

最近真的蛮郁闷的，换了个工作单位都快半年了，每天都不知道怎么过的，天天都在混日子。有时还经常受那些老工人的气，有时候真的想不干了，不过现实点想，自己能干什么呢？上次得知厂里裁人，名单里有我的名字，后来是用关系打了个招呼，才让我还在这个厂里混着。有时候觉得真不公平，因为厂里都是关系进去的吧，都是在比谁关系硬，现在搞得我每天心情都不好，脾气也不好，感觉好像跟大家关系也处的不好，经常容易发火，每天都在混日子。我到底该怎么办啊？

问题分析：

“都是在比谁关系硬，现在搞得我每天心情都不好”，“每天都在混日子。”

定律：

“行有不得，反求诸己”。所作所为不能如愿，应从自身找原因。

最佳答案：

你是觉得在混日子还是就在混日子？古人说“行有不得，反求诸己”。所作所为不能如愿，应从自身找原因。你如果就是在混日子怎么可能做好工作呢？做不好工作怎么可能让领导满意呢？你在混日子怎么可能让老工人看得起呢？难道你混日子每个人还会来夸赞你？你焦虑就会容易发火，容易发火和别人关系也容易搞僵。你只需把心思放到工作上，用一颗感恩的心去工作，做到最好，不再混，你的一切问题就会迎刃而解。

我做保姆受辱怎么办?

提问者：匿名

我家是农村的，中专毕业2年多了，在城里一直找不着工作，没办法，后来在家政公司的帮忙下，帮我找到了一份男保姆的工作，应聘到了一个30多岁的妇女家(她的老公在外做生意，有一个女儿是跟的他爸爸在外面上学)。到了她家后，她平常让我对她的称呼是“主人”，她的朋友来家后，问我是谁，她不说我是男保姆，而是说我是她的奴仆。除了平常的家务活，什么给她洗脚、擦鞋什么全是我干，有时，要是干事不符合她心意，还得罚跪。有一次，她吃饭时，突然叫我趴在餐桌前，她居然把我当凳子了，坐在我身上吃饭，后来经常这样。现在我感觉我就像是她的奴隶一样，不是男保姆，想不干了，可是我又找不到工作，这儿的工作一个月1500元，还包吃住，我又舍不得，该怎么办?

问题分析：

“我感觉我就像是她的奴隶一样，不是男保姆，想不干了，可是我又找不到工作，这儿的工作一个月1500元，还包吃住，我又舍不得。”

定律：

《弟子规》:“勿谄富，勿骄贫，勿厌故，勿喜新。”

不要谄媚巴结富有的人，不要对穷人傲慢无礼，不要厌弃过去的故人老友，不要只喜欢新结交的朋友。

“行有不得，反求诸己”。

最佳答案：

古人说：“勿谄富，勿骄贫。”不要谄媚巴结富有的人，不要对穷人傲慢无礼，你应该在她第一次这样对待你的时候就拒不执行，因为这是做人的底线，如果你从了，并拿你的尊严去换取金钱，你就在她的眼里已不是人！是你让她把你当成了奴隶。

工作不分贵贱，只有你自认为有贵贱之分的时候，就会把自己归为“贱”的一类，自然让人欺凌你，所以你要的是正确的人生观。你不贱，你有人格，有骨气，有自尊，你只赚合理合法的钱，而决不赚出卖人格的钱。尊重自己才能让别人尊重你！

你不能改变她的为人，那你只能离开她。但你必须改变自己尊重自己！

60

老板不和我签合同也不缴金我该怎么办?

提问：张文

我在一家公司做了将近17个月的财务，开始四个月老板只发了每月1000元给我，然后是7个月每月2000元，在接下来他让我帮他搬货送货给了我每月4000元，并且拿了4000元的工资后就没有一天休息除了春节休息3天外我至今未休息过。一直不给我签订劳动合同，也拖着一直未给我加金，现在他为了请外地低工资的小工和兼职财务而辞退我了，我能否要求补缴所有的金，要求双倍工资的补偿，节假日的工资补偿？另外，他分批提走了银行存款导致公司无钱可赔，也有可能会注销公司，这样我是否将得不到任何赔偿。非常希望能得到大家帮助，非常感谢。

问题分析：

“一直不给我签订劳动合同，也拖着一直未给我加金，现在他为了请外地低工资的小工和兼职财务而辞退我了。”

定律：

《太上感应篇》：“祸福无门，惟人自召，善恶之报，如影随形。”

“行有不得，反求诸己”。所作所为不能如愿， 应从自身找原因。

最佳答案：

为什么上了17个月的班，还是把你辞退了？“行有不得，反求诸己”。如果把它看作是祸，其中必有你自身的原因，拿了4000元的工资是高还是低？他请了低工资的小工和兼职财务能把你的工作替换了，说明你在他的经济衡量中还是偏高了，为什么你能忍耐17个月，直到他把你辞退了？说明工资你还是比较满意的。尽管老板的做法是违法的，但其实问题还是出在你的身上。为什么不在最初遭受侵害时就向老板提出来？不提就是默认他的做法。当他把你辞退时你就想争取更多的利益，从法理上来讲，你只要告他还是可得到赔偿部分损失，但从道义上来讲，你这已是贪婪。

第四个怎么办

面对家庭的困惑

前男友对我嘘寒问暖影响我现在的婚姻我该怎么办?
我离家出走了,我该怎么办?
老婆性格偏执我该怎么办?
面对禽兽父亲我该怎么办?
情人要把孩子生下来我该怎么办?
为了孩子教育意见不一致,我该怎么办?
父母对我有偏见我该怎么办?
母亲喜欢上了另外一个男人我该怎么办?
老公嗜酒如命我该怎么办?
老公与别人有暧昧关系我该怎么办?
老公对感情很淡漠我该怎么办?
女儿爱上了吸毒者我该怎么办?
家人不同意我们结婚我该怎么办?
老婆出轨我该怎么办?
……

61

前男友对我嘘寒问暖影响我现在的婚姻我该怎么办?

提问者:ymg521

我现在遇到一个非常棘手的问题,不知该怎样办了,希望大家帮帮我。我和现在的男朋友马上就要领结婚证了,可是我原来的男朋友却每到节日就发信息问候我,并对我嘘寒问暖的关心我。我并不想对不起现在的男朋友,也一直没给他回过信息。可是不巧的是,在我睡着的时候手机又响了,我现在的男朋友还是发现了。他很生气,情绪挺激动的,也不爱搭理我了,我很伤心,向他解释他也半信半疑,他流泪了。我不知道该怎样做了!

问题分析：

“原来的男朋友却每到节日就发信息问候我，并对我嘘寒问暖的关心我。”“我现在的男朋友还是发现了。”

定律：

五毒之一：怀疑。这五毒之心感召灾难。

最佳答案：

从道义上说，前男友每到节日就发信息问候你，并不为过。但还是被现在的男朋友发现了，并引起不快，也属于正常反应。既然事已至此，你要做的只有两件事，给前男友发条短信，谢谢他的关心，但如真为你好就请他把你从他的通信录中删除，如果对方不肯，你就换一个号码。总之你要当着现在男友的面去做，然后就让时间去证明。怀疑是五毒之一，怀疑心会感召灾难。

我离家出走了，我该怎么办？

提问者：佳有千金

我的孩子还不到5个月，老公在我怀孕后就开始天天不回家，说是上两个班，因为这个我跟他吵过好多回，他的理由是快有孩子了，他得多挣钱，将来好给孩子优越的生活。在我预产期的前一个月，老公终于辞掉了那个工作，但却突然失踪了，孩子已经快满月了才回来，他的解释是，开车把人撞了，一直躲在外面，当时我什么都没有说，只希望他以后能踏踏实实的。可回来后，他还是天天往外跑，偶尔回来，也就是几分钟就走。我叔知道了他一直都还不回家，特别生气，打电话问我，我说他在上海，我叔不信，让我叫他拿上海的固定电话给我打个电话，可他骗我没电话……我在家哭了半天，最后我选择了离家出走，孩子丢给了婆婆，我在外边租了个小房，今天彻底的把我的东西搬了过来，没人知道我在哪儿。我现在好想孩子，可我又不想再回那个家，孩子太小，我带着他就没办法找工作上班，我真的好无奈，谁能帮帮我，娘家我也不愿回，我应该怎么办？

问题分析：

“老公在我怀孕后就开始天天不回家，”“我在家哭了半天，最后我选择了离家出走。”

定律：

三纲：“父为子纲，夫为妻纲，君为臣纲。”纲是榜样，纲是责任，纲是教育。

最佳答案：

古人讲：“夫为妻纲。”纲是榜样，纲是责任，纲是教育。纲举目张，但如今你家的“纲”举不起来，“目”就张不开。

离家出走不是最好的办法，要面对现实。你可以让三叔出面把你们两人召集起来，好好沟通一下，如果他是“纲”，就一定能承担家庭的义务和责任，落到实处而非空话连篇。如果不能，离开他是唯一的选择，但一定是在法律范围内去解决问题。

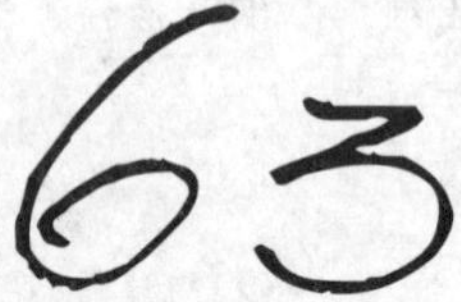

老婆性格偏执我该怎么办？

提问者：santiangtian

首先，毫无疑问我深爱着她，爱她的懂事，爱她的大方，爱她对我的体贴入微，爱她的品德，爱她的漂亮，甚至她的家庭成员我也爱；其次，她的某些性格让我讨厌，严厉点说让我恶心！

她做事消极。让她干什么事都会说不想干，对什么事都没兴趣。我又是一个激情上进的人。跟她说话，有时候总有一种在一个黑屋子想要飞出去却又四处碰壁的感觉。

她喜欢盯着我的错误甚至放大，优点一点不提。而我又是追求夫妻平等相处、和和美美的人，于是我很注意遇事跟她商量，凡事向她汇报，一有争吵，事后百分百是我道歉。到头来她给我的总结是大男子主义，一手遮天，甚至还说我看不起她！这正是我所努力避免的。所以听到这些，我心里堵得慌！我该怎么办啊？

问题分析：

“她的某些性格让我讨厌，”“我怎么样能说服她改变自己的观点呢？”

定律：

三纲：“父为子纲，夫为妻纲，君为臣纲。”纲是榜样，纲是责任，纲是教育。

人伦本份：“夫妇有别。”阳性刚强，阴性柔软。

最佳答案：

你是一个激情上进的人，古人讲有三纲，而“夫为妻纲”是三纲之一，纲是榜样，纲是责任，你是家中的“纲”。古人讲有五种人伦，其中“夫妇有别”是人伦本份之一，它是指阳性刚强，阴性柔软。违背三纲，违背人伦即是违反自然规律，就会出现问题。你是“纲”，你就有责任做这个家庭的顶梁柱，但你不能要求她和你有一样的激情，一样的观点，甚至想改变她。你追求夫妻表面平等，凡事向她汇报，一有争吵，事后百分百是我道歉，这就违背人伦，更不是平等。家庭成员，如同五脏，各有本分，各司其职，才能和睦幸福。

所以，要学会包容，更不要将自己的观点强加给别人，或想改变她。更不要有看不起她的心态。好好沟通，认清自己，做好自己。

64

面对禽兽父亲我该怎么办?

提问者：匿名

前几天夜里，妈妈不在家，我爸爸突然到我房间强暴了我。然后他严肃的和我说不许告诉任何人，否则就不要我了。我这几天我下身一直疼得走不了路，想和妈妈说又不敢。因为怕他们吵架离婚，请问我到底该怎么办？

问题分析：

“爸爸突然到我房间强暴了我”，“想和妈妈说又不敢，因为怕他们吵架离婚。”

定律：

三纲之一：“父为子纲，”纲是榜样，纲是责任，纲是教育。

五种人伦本份之一：“父子有亲”。

《朱子治家格言》:“伦常乖舛，立见消亡”。违背人伦秩序，马上出现灾殃。

四维：礼，义，廉，耻。礼，“耻”为四维之一。四维是维持社会和谐的根本。

《弟子规》:“过能改，归于无；倘掩饰，增一辜。”

最佳答案：

作为父亲，是家中的榜样，是顶梁柱，但禽兽父亲违背人伦秩序，灾殃立竿见影，如果隐忍不说，禽兽父亲就会一而再，再而三，最终还是会被母亲知道，结果还是一样，但同时把你的未来也会毁掉，你的痛苦就不止一次。如果现在就和母亲说，不管结果怎么样，至少让你的父亲住手，古人说：“过能改，归于无；倘掩饰，增一辜。”有了过错，要能勇于面对，把它改正过来，就等于没有做过错事一样。如果还要极力掩饰，那就是错上加错。

如果你的母亲和你一样软弱，就得求助于其他机构，因为你的父亲不止是违背人伦，而是已经犯罪。

65

情人要把孩子生下来我该怎么办?

提问者：jyl770880

我今年26岁，已婚，她33岁，离异四年了，一直在做生意，小孩跟她老公的，我和她发生了一次关系，最近她告诉我她怀孕了，她很想把小孩生出来，她说她自己可以抚养小孩，我短期内是不会离婚的，虽然我和老婆关系不怎么好，我该怎么办呢?

问题分析：

情人要把孩子生下来，自己短期内是不会离婚的。

定律：

《朱子治家格言》:“伦常乖舛，立见消亡”。违背人伦秩序，马上出现灾殃。

四维：礼，义，廉，耻。“耻”为四维之一。四维是维持社会和谐的根本。

《弟子规》:“过能改，归于无；倘掩饰，增一辜。”

有了过错，要能勇于面对，把它改正过来，就等于没有做过错事一样。如果还要极力掩饰，那就是错上加错。

最佳答案：

违背人伦秩序，马上出现灾殃。情人要把孩子生下来，你自己就得承担相应后果。不管你的情人是否怀孕，你所要做的就是面对现实。

古人讲“过能改，归于无；倘掩饰，增一辜。”有了过错，要能勇于面对，把它改正过来，就等于没有做过错事一样。如果还要极力掩饰，那就是错上加错。

66

为了孩子教育意见不一，我该怎么办？

提问者：匿名

我和老婆现在已经有了一个女儿，我家里在农村，她在县城里，但是她坚持要和我在一起，到最后他家里终于同意，我们也顺利结了婚，后来就有了个女儿。现在我老婆坚持要我去他们家那里住，我不同意，我们两家相距150公里，来回很不方便，我家里也不同意让我去她父母那里住。她说我家里的环境不好，将来给不了女儿好的环境，所以要我到她那里去住。但问题是，她爸爸和她的脾气都不好，经常打骂她弟弟，我更担心女儿的心理受到影响，而我爸妈脾气和人缘都是我们村里那一片公认的，我爸妈也特别疼爱孙女，当然她家也疼爱，但他家总是天天充满火药味，我感觉女儿在我家更好。

现在问题是，如果我不同意，老婆可能会生气，甚至离婚，我该怎么办啊？

问题分析：

“如果我不同意，老婆可能会生气，甚至离婚。”

定律：

《朱子治家格言》:“伦常乖舛，立见消亡”。违背人伦秩序,马上出现灾殃。

三纲：“父为子纲，夫为妻纲，君为臣纲。”纲是榜样，纲是责任，纲是教育。

最佳答案：

古人讲：“夫为妻纲”，纲是榜样，纲是责任，纲是教育。如果你不同意去岳父家，老婆可能会生气，甚至离婚。从这点看，你老婆及家里人就太霸道，这样的环境下，结果是你的女儿的心理必然受到影响，以后也会霸道。

缓兵之计是先按他们的意思做，没问题当然最好，有问题就返回也不迟。以你的个性，不可能一下子做到很男人，也不可能不给他们一点面子，不同意势必会把矛盾激化，所以顺其自然是最好的办法。

当你找到返回的理由，就要做出男人样！

67

父母对我有偏见我该怎么办？

提问者：459170414

我是个女孩，家里人从小就对我有偏见，回到家总是一双白眼，我不知道自己做错什么事！他们这样对我我真的好难受，总觉得他们不该这样对我，所以我一直对他们不满，但他们更甚，无缘无故就会找理由骂我，所以我学会了说谎，尽管我是对的。但有时候却是另外一种对我的态度，比如给我买了一部一千五的手机，今天早上我妈妈又意外的给我准备好了早餐，但我担心那只是他们在这几天遇到什么事，情绪好而已，我想和他们和好，但可能是没有勇气。自从我爸说过我在他面前没有自尊之后，我很矛盾！我不知道是不是一直默默的这样下去，直到我离开他们或者尽量在明年不和他们在一起生活？我该怎么办？

问题分析：

“家里人从小就对我有偏见，回到家总是一双白眼”，“但有时候却是另外一种对我的态度”

定律：

“行有不得，反求诸己”。所作所为不能如愿，应从自身找原因。

《弟子规》：“父母教，须敬听；父母责，须顺承。”

对父母的教诲，要恭敬地聆听；对父母的责备，要顺从地接受。

最佳答案：

古人讲，“父母教，须敬听；父母责，须顺承。”对父母的教诲，要恭敬地聆听；对父母的责备，要顺从地接受。这是人伦道德，必须做到，你做到了吗？

你对父母有偏见，所以觉得父母对你有偏见。为什么这么说？因为你学会了说谎，父母就会找理由骂你，但同时你对父母的示好没有正确的反应，总认为他们可能只是一时情绪好而已。你想想你怎么可能感受得到父母的爱？所以爱要说出来或者用行动去表达出来。爱你的父母，父母也一定会爱你！

向父母亲表达你的感恩之情，忏悔自己的不孝行为，你只需告诉他们你很爱他们。父母的责难你要顺从地接受，这是孝。父母对你的爱你要会感受并回应，这也是孝。一个懂得孝的人才会懂得爱。

68

母亲喜欢上了另外一个男人我该怎么办?

提问者：匿名

我22岁了,还有9个小时我就23了，可我却怎么也高兴不起来。11月中旬老板打电话给我问元旦要不要陪老爸一起去找我的母亲，(母亲喜欢上了另外一个男人）这事真的很复杂，我该怎么办?

问题分析：

母亲喜欢上了另外一个男人，“我该怎么办?”

定律：

“行有不得，反求诸己”。

《太上感应篇》:“祸福无门，惟人自召”，检点自己，心念行为，言语样貌，一切灾祸，都从此起。福是修来的，祸是召来的，福祸和命运，全靠自己心。

《弟子规》:“亲有过，谏使更；怡吾色，柔吾声。”

如果父母有了过失，子女应当多次劝说使其改正。劝说时态度一定要和颜悦色，说话时声音一定要轻柔。

《弟子规》:“谏不入，悦复谏；号泣随，挞无怨。”

如果父母不肯接受劝说，就等父母心情好时再劝。如果父母还是不听，还要哭泣恳求，即使因此而遭到鞭打，也毫无怨言。

最佳答案：

任何事的发生一定有其原因，种什么因结什么果。古人说“行有不得，反求诸己”。所作所为不能如愿，应从自身找原因。为什么母亲会喜欢上了另外一个男人？是你父亲不值得你母亲爱还是你母亲的价值观发生了偏差？那个男人有钱？有情？有势？有貌？是什么吸引了你母亲？你爸爸当初是怎么样和你母亲在一起的？真的相爱还是采取欺骗手段？这些也许你并不知道，但你是母亲的骄傲吗？你做到一个子女的本份吗？只有找到问题的根源，才能对症下药。你是一个已经成年的孩子，你可以和老板及爸爸一起找一下母亲，如果见到母亲千万不要责怪母亲，首先自我检讨自己的不足，说出自己的感受，以情动人。不管父母亲之间发生了什么，你都不可对父母无礼，即使父母分开，仍应尽到孝道。

老公嗜酒如命我该怎么办？

提问者：雨林晖

我结婚后一直和公公婆婆生活在一起，老公嗜酒如命，但他偏偏是个司机，常常酒后惹祸，本来还可以的家境被他惹的祸搅得负债累累，多次劝说无效，后因喝酒差点丢了性命，被我救回，还想着他能够悔改，谁知依然如故！家里经济从不过问，没钱伸手便向我要！孩子正上幼儿园，费用很高，我一个月的工资养活孩子实在吃力！

祸不单行，我的小姑子同老公一样，花钱大手大脚，懒惰成性，结婚后一直住在我们家，如今小姑子也生了孩子。原来温和的婆婆有了小外孙后常常对我的孩子大声斥责，不准我的孩子在家里呆着，可怜我的孩子才四岁多，天天在外面玩到天黑，我又上着班，没法照顾孩子，我快担心死了！想把孩子全托，可是我的经济承受不起，跟老公说我们出去租房，老公又不同意，再说租房的费用还得我出。

我很难受，我真的不知道要怎么办才好了？

问题分析：

“老公嗜酒如命，常常酒后惹祸。”

定律：

《太上感应篇》“祸福无门，惟人自召”，检点自己，心念行为，言语样貌，一切灾祸，都从此起。福是修来的，祸是召来的，福祸和命运，全靠自己心。

三纲之一：“夫为妻纲”，纲是榜样，纲是责任，纲是教育。

《朱子治家格言》：“伦常乖舛，立见消亡”。违背人伦秩序，马上出现灾殃。

“行有不得，反求诸己”。所作所为不能如愿，应从自身找原因。

最佳答案：

三纲之一：“夫为妻纲”，纲是榜样，纲是责任。纲举目张，纲举不起目张不开，这个家庭不可能和谐。你的家庭格局已违反人伦秩序，灾祸出现不可避免。通过共同信任的第三方作个调解，和丈夫好好谈一下，让他担当起家庭责任，给他一个月时间的改过期，如果丈夫不作悔过，离婚是唯一的出路。这是用小灾换大灾，否则更大的灾祸一定会紧随不放。

“行有不得，反求诸己”。为什么产生现在这种局面？要找到自己的原因。

离婚不可怕，找男人要把男人有爱心和责任心放在第一位。本质好一切才会好。

70 老公与别人有暧昧关系我该怎么办？

提问者：竹本圈圈

我与老公结婚一年多，女儿11个月了。前几天在网上营业厅无意中发现他的手机详细记录，12月份给一个号码发送了198条信息。我回家查了一下，那个号码是他一个女同事，同时他手机收件箱没有一条记录，也就是说明他看完就删除了。事情挑明后，我让他发誓跟那个女人没有暧昧关系，他不敢。事后他跟我承认错误，并说跟那个女人只是发发信息，如果真是这样，为什么把信息全部删除？不就是害怕我看见吗？就算他跟那女人没有发展成那种男女关系，可是我认为思想的出轨要比肉体来得更可怕。现在我该怎么办？

问题分析：

“我认为思想的出轨要比肉体来得更可怕。”

定律：

夫子之道，忠恕而已。

《弟子规》：“过能改，归于无；倘掩饰，增一辜。”有了过错，要能勇于面对，把它改正过来，就等于没有做过错事一样。如果还要极力掩饰，那就是错上加错。

“行有不得，反求诸己”。所作所为不能如愿，应从自身找原因。

最佳答案：

夫子之道，忠恕而已。

老公和别人暧昧，害怕你看见，说明他心中还是有你，既然他已承认错误，就没有必要穷追不舍。

你认为：“思想的出轨要比肉体来得更可怕。”此话不无道理，但明显你片面理解了。如果他决意离开你，即使没有出轨他还会离开，如果肉体出轨，你认为他只要还回这个家你就能忍受？恐怕你到时又会是另一种说法。《弟子规》上讲：“过能改，归于无。” 就是说人有了过错，只要能勇于面对，把它改正过来，就等于没有做过错事一样。

你要做的就是此事到此为止。纠缠一个已经发生的事情不放，只能得到更坏的结果。

古人讲“行有不得，反求诸己”。老公和别人暧昧，你还应从自身找找原因。是不是对他漠不关心了？是不是对他太唠叨了？他无法与你沟通转而向别人倾诉？爱是包容而非咄咄逼人，倾听远比呵斥更重要，尤其他是你老公，你尊重他才能让他更尊重你，也更爱你。

71

老公对感情很淡漠我该怎么办？

提问者：莫莫MMSW

我和老公相处两年多，结婚半年了，家里人一直都不是很认可我们的结合，时不时会说对方的不好，我们顶着压力走在一起。他是个不爱说话且比较内向的人，但是脾气比较好，他不会来事，但是我知道他的人品不错，人也老实。我脾气比较急，但是我对他很好，结婚这段时间来，有过不少争吵，是因为他的不主动，吵完了他会过来和我示好，后来也好一点。但后来发现他总是很沉默，回家了也不主动和我说笑，没有亲昵，没有拥抱，我觉得他这样太冷落我了，觉得这不是正常的婚姻状态，我主动和他沟通他却不承认我们有问题，说生活就是这样了，其他的不说，就算我哭了，他也不会过来安慰我，就只管自己去上班或者睡觉。我们因为他的工作关系一星期见一面，见面了还是这样，大家帮我啊，我该怎么办？

问题分析：

“他是个不爱说话，比较内向的人”，“我脾气比较急，但是我对他很好。”

定律：

《太上感应篇》：“祸福无门，惟人自召”，检点自己，心念行为，言语样貌，一切灾祸，都从此起。福是修来的，祸是召来的，福祸和命运，全靠自己心。

《朱子治家格言》：“伦常乖舛，立见消亡”。违背人伦秩序，马上出现灾殃。

“行有不得，反求诸己”。所作所为不能如愿，应从自身找原因。

最佳答案：

我不明白你是怎么爱上他的？就因为他的脾气好？你认为“我对他很好”，但为什么会争吵呢？古人讲“祸福无门，惟人自召”，你好好检点自己，你的心里是不是在想：我对你这么好，你怎么能这样对我？从他的角度来讲，本来没什么事，都是你想出来的事。因为你们的性格不一样，他认为正常的事，你认为不正常，所以你的期望值对他来说高了一点。从你和他的互动模式来看，一般你主动他被动，那你就和他主动沟通，他不承认你们之间有问题，说明一切真的正常。

女儿爱上了吸毒者我该怎么办？

提问者：610852696

我的女儿今年20岁，从小到大生性孤僻，不太爱说话，我们忙于自己的公司，导致缺少沟通。自从今年一月份发生了一件事，她结识了一个社会上吸过毒的人，父母怎么劝他都不肯听。我先生是个很要面子的人，为此事不想见她。到了三月份那个男的因敲诈已关进看守所，后来我问她怎么打算，她说我也不知道，其实她QQ上说她选择等待，她还说，不再开心的笑，不再听人劝告，上了瘾，无药可救。现在我想送她去韩国，因为我们家公司在韩国业务量较多，想叫她学点本事，等时间长了也就忘掉了那男的。可是她对做任何事情都没有信心，我们劝她反而觉得我们烦，可是那个男的判好了，到明年正月七八出来了。我先生自从一月份起，还没与她见过一面，他说现在认可他女儿，等于认可那个男的，我没办法只好租了一套房子，现在我们一家过着两家的生活，我不知道该怎么办，那个男的放出来之后该怎么办？

问题分析：

女儿爱一个吸过毒正在服刑的人，老公不认女儿。

定律：

《太上感应篇》："祸福无门，惟人自召"，检点自己，心念行为，言语样貌，一切灾祸，都从此起。福是修来的，祸是召来的，福祸和命运，全靠自己心。

《朱子治家格言》："伦常乖舛，立见消亡"。违背人伦秩序，马上出现灾殃。

"行有不得，反求诸己"。所作所为不能如愿，应从自身找原因。

最佳答案：

古人说"祸福无门，惟人自召。"女儿走错路，父母亲一定有责任。女儿爱别人而不爱父母，就是违背人伦，灾殃就会出现。"行有不得，反求诸己"。这一切的发生，原因恰恰就在父母而非女儿！

知道孩子生性孤僻，不太爱说话，父母忽略了她内心的感受，她缺少的就是关心与温暖，而你们从来都忙于自己的事业，从来得不到父母的关爱，只要有一个人稍微对她好一点，她就会义无反顾地投怀送抱。而你老公用不认女儿的粗暴方式对待女儿，无异于把女儿再往外推！所以你要做的是和老公好好商量，讲道理，要给女儿营造家的感觉，给予更多的关爱，更多心的交流与抚慰，千万不要呵斥她，说她的不是，要自责加呵护，才可让女儿回归家庭。

家人不同意我们结婚我该怎么办？

提问者：匿名

我离过婚，我现在的男朋友没有结过婚，所以他家人碍于面子不同意我们在一起，我家人也不同意，原因是我男朋友迟迟给不了我一个承诺，家人给我找好了人家，催着我结婚，并说："你一结婚就啥事也没有了，以后就各过各的，把他放心里。"一方是父母，一方是爱人，我俩很痛苦，很难受，很矛盾，我们该怎么办？

问题分析：

家人不同意我们结婚，原因是未婚与再婚的矛盾。

定律：

《太上感应篇》："祸福无门，惟人自召"，检点自己，心念行为，言语样貌，一切灾祸，都从此起。福是修来的，祸是召来的，福祸和命运，全靠自己心。

"行有不得，反求诸己"。所作所为不能如愿，应从自身找原因。

最佳答案：

你们相爱是你的福，因为你一定有他喜爱你的理由，但这件事如果处理不当就会召来祸。

你离过婚是改变不了的事实，男朋友迟迟给不了你一个承诺，是因为他还没得到家人的祝福，说明他还是一个孝顺的人。一个不爱家人的人不配爱别人，也不值得别人爱。反过来说，他的确是一个值得你托付终身的人。"行有不得，反求诸己"。所作所为不能如愿，应从自身找原因。

婚姻是两个人的事，但也是两个家庭的事。要改变他们的想法，只有用行动和时间去证明。行动就是相爱始终不渝，但要让他们了解你的优点，用情去打动他们，用时间去证明，他们不同意也不用急着结婚，时间长了，他们自会催着你们结婚的。

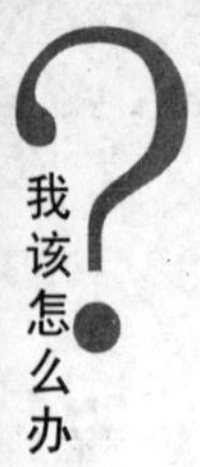

74

老婆出轨我该怎么办?

提问者:匿名

老婆和别的男人有出轨行为，达半年之久，我该怎么办？是要挽救家庭，还是自己承受痛苦？？？

我仅离开了她两个月，并且她和那个男人只认识了半个月就上床了。我们结婚7年了，给我感觉我们关系不算太差，当初谈恋爱时她还是不顾她家人反对跟我私奔了的。自从结婚后我一心一意待她，那时起我怀揣着3万元的本钱做生意，现在我大小也算是个拥有几百万元身价的老板。我现在只有28岁，我们有两个女儿，我想不明白她为什么这样做，我和她吵着离婚时她的泪水打动了我，她让我给她一次机会，我答应了。说实话要不是我老婆这次出轨，在她身上我挑不出毛病，以前我都认为我们是最幸福的。离了我可能也无法忘记她，还有两个小孩就得不到母爱，再有我不想我的女人受苦啊!我怕她受苦，我对她是又爱又恨，现在她态度很诚恳，我不知道怎么办？我的心在流血啊!求求高手指条路?

问题分析：

“老婆和别的男人有出轨行为，达半年之久。”“我对她是又爱又恨。”“是要挽救家庭，还是自己承受痛苦？”

定律：

《孝经》:“不爱其亲,而爱他人者谓之悖德。”即不爱亲人而爱他人，是违背人性天理.

《朱子治家格言》:“伦常乖舛,立见消亡”.违背人伦秩序，马上出现灾殃.

孔曰成仁，孟曰取义，夫子之道，忠恕而已。

恕：宽恕原谅，厚道待人。

最佳答案：

《孝经》上说:“不爱其亲,而爱他人者谓之悖德。”你的爱人是不顾家庭反对和你私奔的，所以她的行为其实已经违背人性天理，也正应了古代圣人朱子所言:“伦常乖舛，立见消亡。”即违背人伦秩序，就会马上出现灾殃。她既然可以违背孝道，同样可以不遵守妇道，这是她的性格使然。

但事已至此，该怎么办？如果你只有爱或只有恨就不会那么纠结和痛苦，正因为“我对她是又爱又恨”，所以才会产生纠结。是不是一刀两断为好呢？肯定不是，因为你仍然痛苦，痛苦的根源恰恰是因为你仍爱着她，只是对她的背叛行为感到痛苦。公正地说这是种什么因结什么果，而现在唯有种下“宽恕”的因才能结出“幸福”的果。“夫子之道，忠恕而已”，原谅别人即是放开自己，看开放下，超越自己的心理障碍，你不但救了她，也救了孩子，更是救了你自己！

婆婆不肯接送孙子，我该怎么办？

提问者：糖不甩0304

儿子上幼儿园，我们的想法是周一到周三叫我妈住我这里，负责接送，然后周四到周五叫我婆婆接送，但婆婆现在退休了也不肯帮忙。我公公平时对我们还可以的，但在这个问题上竟然也敷衍我们以后再说。说实话我心里真的觉得他们很自私的，其实我知道他们的想法，我婆婆最好我不要上班在家带儿子，可以不用麻烦她了。真是自私的够可以的，她怎么不叫他儿子不要上班的啦，知道我们钱少还不让我去上班，不上班哪里来的钱啊。我反正和老公昨天说过了，如果婆婆不肯接送，我就把儿子转去我爸妈那里的幼儿园，户口全部迁过去，既然我婆婆不肯帮忙，那以后就叫我儿子住我爸妈家让外公外婆帮忙，我知道我婆婆没有义务帮我接送儿子，但她是亲奶奶呀，那么小的忙也不肯帮，我真的是蛮无语的。我该怎么办呢？

问题分析：

“儿子上幼儿园，婆婆现在退休了也不肯帮忙。”

定律：

人伦本份：父子有亲，长幼有序。

《朱子治家格言》：“伦常乖舛，立见消亡”。违背人伦秩序，马上出现灾殃。

五毒：贪婪，怨恨，愚痴，傲慢，怀疑。这五毒之心感召灾难。

最佳答案：

“我知道我婆婆没有义务帮我接送儿子，但她是亲奶奶呀。”这个观点看似非常正确，似乎很有道理，但你恰恰忘了人伦本份：“父子有亲，长幼有序。”

婆婆是长辈，她是否愿意做，是她的事，自己的孩子自己养，这是你应该负的责任和应尽的义务，婆婆是否愿意做是尽她的心，如果你非要让婆婆为你接送孩子就是在指挥长辈做事，为幼辈服务，违背伦常秩序，灾殃立即出现，而你让外公外婆去带孩子，也同样违背人伦秩序。你的怨恨心是家庭不和谐的根本。要改变现状，你要检查自己的言行是否伤害到了婆婆，不管你们有无能力，培养孩子是作为父母应尽的义务而非爷爷奶奶的责任，你要感恩婆婆，感动婆婆，才是最好的解决问题的办法。

76

岳母要把我赶出家，我该怎么办？

提问者：trulyren

爱人是城里人，我是农村人，我与爱人2003年10月结婚，2007年10月生了一个女儿。生女儿之前我们夫妻俩一直和丈母娘、老丈人同住，生活还算太平 ，生孩子之前，丈母娘就跟我母亲说，是买房子还是租房子，意思就是我爱人生完孩子之后肯定不会让我们回来住。为了避免矛盾，我就借了一套二室一厅的房子，让我爱人生完孩子去住，我父亲提前退休，与我母亲一起照顾我爱人和小孩。但爱人觉得与我父母在一起搞不好关系，坚决要求回自己娘家住，而且要求我母亲同去带孩子，但终因城乡差别闹出矛盾，丈母娘就把我及我母亲、宝宝赶出她的家门。于是我把孩子送回六合老家，让我父母在老家照顾。

妻子不但不感恩我父母亲，还要我让父母亲贴出我们租房的钱，我不知道该怎么办？

问题分析：

“妻子不但不感恩我父母亲，还要我让父母亲贴出我们租房的钱”。

定律：

《朱子治家格言》：“伦常乖舛，立见消亡”。违背人伦秩序，马上出现灾殃。

五毒：贪婪，怨恨，愚痴，傲慢，怀疑。这五毒之心感召灾难。

最佳答案：

“我父亲提前退休，与我母亲一起照顾我爱人和小孩。”老的照顾小的，这事本身就已违背人伦秩序，出现灾殃在所难免。亲家之间产生矛盾均由你俩而发生。丈母娘把你们赶出家门并不为过，作为男人，你是家庭的顶梁柱，要承担起家庭所有的义务与责任，向父母要租房的钱，无疑过份至极，因为你的父母亲根本没这个义务，给你这个成家的儿子再“添砖加瓦”，反过来是你们应该尽到孝顺父母的责任。从你的自述中，因为你妻子是城里人，你是农村人，妻子的傲慢心，必然产生对你父母的不恭敬，她的怨恨和不知感恩，是造成这个家庭产生问题的直接根源。而你的懦弱更使家庭灾难不断。你唯一的办法是自强，不要依靠任何人，如果你有足够的能力扭转局面，就能使家庭和睦，如果不能，就分道扬镳，找到最适合你的婚姻。

77

我的亲人涉嫌犯罪，我该怎么办？

提问者：安达

我不想说具体过程，他还在逃，我该怎么办？

问题分析：

“他还在逃”，我要怎么做？

定律：

《弟子规》:“过能改，归于无；倘掩饰，增一辜。”

有了过错，要能勇于面对，把它改正过来，就等于没有做过错事一样。如果还要极力掩饰，那就是错上加错。

《朱子治家格言》:“伦常乖舛，立见消亡”。违背人伦秩序，马上出现灾殃。

五毒之一：愚痴。愚痴之心感招灾难。

最佳答案：

亲人涉嫌犯罪，亲属不能沉默，不能说谎，不能让犯罪嫌疑人躲在家里，不能让其外逃，更不能违法给其提供所谓的帮助，不仅救不了亲人，也会害了自己。在亲情、友情、爱情与国法之间纠结，难以抉择时，你只有劝导亲人赶紧向警方投案自首，拒不认过，罪上加罪 。在亲人无悔罪之心时，为了社会的安宁，为了犯法的亲人不再陷得更深，要向司法机关举报，并如实指证亲人犯罪事实，同时竭尽全力，为涉嫌犯罪的亲人聘请一名好律师。

78

孽子偷钱警察不管我该怎么办？

提问者：蛤虾B

5年前我和妻子离婚后，我和儿子过，儿子还在读初中，但他好吃懒做经常偷我的钱，我袋子里不能放一点钱，他还偷我的工资卡，竟然让他破了密码全部取走。我打110报案，警察说你们是父子关系，家事没法管，我只好非常小心地放好钱和卡。但现在老师告诉我，儿子向同学借钱不还，同学告到老师那儿了，要我还钱，没办法，我只能替他还账，我真想和他断绝父子关系，这样下去我该怎么办呀？

问题分析：

“儿子偷钱，警察说你们是父子关系，家事没法管。”

定律：

《三字经》：养不教，父之过；教不严，师之惰。

《弟子规》：“过能改，归于无；倘掩饰，增一辜。” 人有罪过不要害怕，只要发誓把它改掉，就会重新成为一个好人，最可怕的是掷盖和回避，拒不认过，这就是民间老话，罪上加罪。

《朱子治家格言》：狎呢恶少，必受其累。

五毒之一：愚痴。愚痴之心感召灾难。

最佳答案：

“养不教，父之过。”首先从自身找原因，儿子这样的行为，作为父亲肯定有教育上的责任。过份溺爱或过份放纵。《朱子治家格言》：“狎呢恶少，必受其累。”这是必然的结果，而这一切的产生有你自身的原因。愚痴之心感召灾难。你不正确的言传身教，是直接导致如此后果的根本原因。

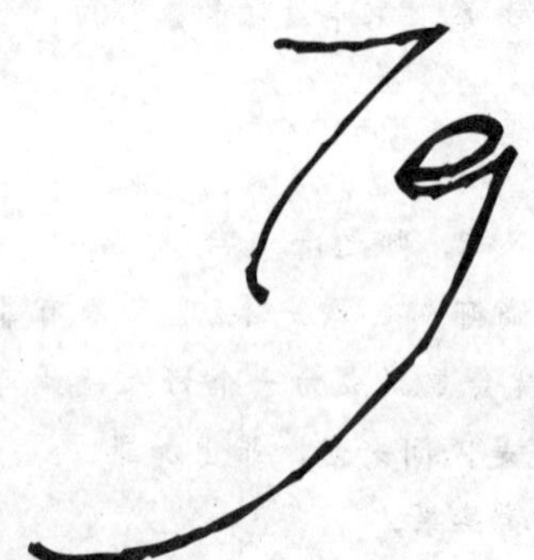

父亲要再婚我该怎么办?

提问者：果果老妈

我爸爸妈妈离婚也有好些年了，但两人一直没再结婚，所以一直还都是像一家人的感觉，我们家是独生女，就我一个小孩。这2年，我结婚生子，才想着把我爸爸妈妈接来一起过的，可是大年初一那天，却听到我爸爸和别人领证的消息。从初一哭到现在，真的不知道该怎么过下去了，我想跟他好好谈，劝他和那个女的离婚再和我妈复婚。毕竟我妈妈20岁就和他在一起，这么多年一直都在付出。我不知道他结婚了我妈妈以后的日子该怎么过下去，因为我知道我妈妈心里还是有我爸爸的。而且那个女的还有个十来岁的小孩，爸爸想过他以后怎么过吗？难道他不想跟自己女儿和外孙一起过吗？我真想死给他看，让他答应，我朋友又都说我太偏激了。可要是他们不复婚，我真的是不想活。求求哪位有什么办法，教教我怎么挽回我爸爸好吗？

问题分析：

“可要是他们不复婚，我真的是不想活。”“求求哪位有什么办法的教教我怎么挽回我爸爸好吗？”

定律：

《朱子治家格言》：积恶之家，必有余殃，刻薄成家，理无久享。

五毒之一：愚痴。愚痴之心感召灾难。

最佳答案：

朱子说：“积恶之家，必有余殃，刻薄成家，理无久享。”你的思想影响了你的行为，你的恶念会造成许多灾难，父亲是你的长辈，不是你的棋子，能让你摆布的。如果你干涉你父母亲的婚姻，即使你是正确的，也不是你该做的。你能做的就是尽你做女儿的本份，好好孝敬父母，而不是从自己的利益出发，让别人围着你转。

80 公婆重男轻女强烈要我生二胎怎么办?

提问者：匿名

我们都是生长在农村的农民工，现在我们有个5岁的女儿。我老公是老小，前面有三个姐姐，我婆婆当年是直到生了男孩为止的，我老公学历是初中毕业，他的三个姐姐是小学还没毕业。我们现在条件也不怎么样，我们都三十多岁了只有10多万的存款，再生个孩子那我们这辈子就完了，而且两个孩子还得受贫苦，多可怕。公婆现在是一定要我们生二胎，公婆跟老公说了无数次，也跟我说了好多次，他们特顽固，还到处托人来给我们做思想工作，我和老公都烦死了。公婆甚至以死相逼，老公不敢把话说绝，只是缓缓。我快受不了了，我该怎么办?

问题分析：

“公婆现在是一定要我们生二胎，公婆甚至以死相逼。”

定律：

五毒之一：愚痴。愚痴之心感召灾难。

《弟子规》:“亲有过，谏使更；怡吾色，柔吾声。”即如果父母有了过失，子女应当多次劝说使其改正。劝说时态度一定要和颜悦色，说话时声音一定要轻柔。

最佳答案：

公婆的想法源于他们自身的经历，他们会认为正是他们的坚持不懈才有了他们的儿子，也就是你现在的丈夫。再穷，不也这样过来了吗？这个想法是愚痴的，是五毒之一，愚痴之心感召灾难。他们干涉到了你们的生活状态甚至于婚姻的质量。面对这样的公婆要怎么做呢？

《弟子规》上讲，如果父母有了过失，子女应当多次劝说使其改正。劝说时态度一定要和颜悦色，说话时声音一定要轻柔。如果公婆以死相逼，不要顶撞，要用智慧去解决问题，“孝顺”是既要孝又要顺，而“顺”是顺水推舟而已，使用缓兵之计，时间能解决一切问题，也许过一段时间你们自己都想再生一个也有可能呢？

81

老公怀疑我出轨我该怎么办?

提问者：840947561

前一段时间，我的以前的一个比我小十岁的男学生无意之中知道了我的手机号码，他在离我几百里以外的城市打工，他就发个短信问候一下，我认为他是我的学生发个短信也没什么，后来有时候就互相发个短信问候一下。可我觉得怕被老公发现会误会，就不敢告诉老公，就选择下班后到公园散步的理由想和他联系一下，大概有一个礼拜的时间吧，每晚七点去十点回家。可最后的一天还是被老公发现了，我怕他误会就没敢说实话，第二天老公就查了我的通话记录，一口咬定我们在玩暧昧。两个月了，老公每天都很消沉，总是很伤心难过的样子，我也很心疼他，期间老公喝醉后打过我也骂过我，不过都过去了，可他现在还是认为我背叛他了，老公不相信我，我该怎么办呢？

问题分析：

“老公看到通话记录以后，一口咬定我们在玩暧昧。”

定律：

“行有不得，反求诸己”。所作所为不能如愿，应从自身找原因。

“命由心造，福自我求。”念头到语言，语言到行为，种子如鸿毛，恶果重如山，量变到质变，怎能不畏惧。

最佳答案：

你这样的结果是必然发生的，只是迟早的事。“命由心造，福自我求。”从你的念头到语言，从语言到行为，你一开始就知道可能会引起误解，而误解必然产生猜疑，猜疑必生祸根。

老公不相信你，问题在你，你所能做的就是表明你的诚恳态度：让你误解我很抱歉，我不想争辩，时间会证明一切。

82

公公婆婆一心想让我跟老公分了，我该怎么办？

提问者：原来的自己

因为我是二婚，从一开始公婆两人就不同意我跟老公在一起，是我老公逼他们同意的，现在我们有了宝宝，矛盾也比以前多了，上次因为他们，我跟老公吵架了，要去离婚，因为孩子太小没有离成，回来他们一家人和我吵，最后把我赶了出去，我走了几天，老公又叫我回来，因为有宝宝我就回来了，回来才几天，今天因为宝宝的事，我老公和他妈又吵了一架，他妈回来就对我摆脸色，摔东西，我觉得他们一心想让我跟老公分开，这样下去我不知道还能不能跟老公走下去，我该怎么维持我的婚姻，我不想失去我的老公和儿子，我该怎么办?

问题分析：

“公婆两人就不同意我跟老公在一起，我该怎么维持我的婚姻。”

定律：

《弟子规》:父母教，须敬听；父母责，须顺承。

“行有不得，反求诸己”。所作所为不能如愿，应从自身找原因。

“命由心造，福自我求。”念头到语言，语言到行为，种子如鸿毛，恶果重如山，量变到质变，怎能不畏惧。

最佳答案：

古人讲：对父母的教诲，要恭敬地聆听；对父母的责备，要顺从地接受。你老公是逼他们同意的，违反伦常，你们自然得不到好的结果，所以所作所为不能如愿，应从自身找原因。

既已成婚并有了孩子，你们两人如能和谐相处，恩爱有加，父母也许不会有此想法，但如你俩经常吵架甚至闹离婚，更加深了他们的固有想法，当然一心想让你们分开，以示他们的判断是正确的。“命由心造，福自我求。”你检查自己是不是做到位了，是不是尽到一个妻子的责任，母亲的责任，儿媳的责任，当你能发现所有的问题由你而起时，你的婚姻就会牢不可破。

第五个怎么办

面对生活的困惑

不敢主动交友我该怎么办?
朋友借钱不还怎么办?
朋友开口借款,我该怎么办?
赚不到钱女友提出分手怎么办?
我是个左撇子父母逼我用右手我该怎么办?
没钱生活了我该怎么办?
形象差老遭打击我该怎么办?
名声坏了我该怎么办?
别人总挑衅 我我该怎么办?
网友要和我发生关系我该怎么办?
……

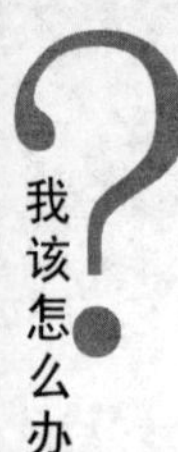

83

不敢主动交友我该怎么办？

提问者：匿名

我是一个大一男生，相对内向，因为小时候脸上受过许多伤，如今这伤已经影响到我的外貌了。我不懂得如何和陌生人打交道。

初中的时候，我应该还算挺受欢迎的吧，同学们都和我挺玩的来的。有好几个挺要好的。到高中，也还可以，依然还是和同学相处的不错。在和同学相处的日子我们都可以玩的很开心，不过分开后，一开始可能有联系，但渐渐的就没了联系，在高二时，我感觉自己好像被以前的朋友抛弃了，我只敢和那些比较有亲和力的人聊。在社团，玩游戏我好像总是被遗忘，玩着玩着，我好像就变成局外人了。我不知该怎么交朋友，怎么办？

问题分析：

“我不懂得如何和陌生人打交道，怎么办？”

定律：

“行有不得，反求诸己。”所作所为不能如愿，应从自身找原因。

最佳答案：

这个只是性格方面的问题，有的人喜静，有的人爱动，关键是不能自我封闭，害怕与社会接触。“行有不得，反求诸己”。找到自身根源，克服恐惧心理，给自己出些难题，主动与人打交道，跨出去第一步，其实没你想象的那么难。

世界很大，但个人的圆心很小。　　海门市政协副主席 郁 斌

84

朋友借钱不还怎么办？

提问者：落花香满楼

本人刚刚参加工作才一年多，工资也就那么点，去年刚来这边的时候认识了一个同租的，我们开始非常谈得来。刚认识他不久，他就说没钱交房租让我帮他垫上点，当时我也没想过，就借给了他五百，过了几天他又借了我三百，并且说过段时间就还我。看他也不像那种很差劲的人，在某大读一个两年制的进修的课程，每天还整天理想抱负的，整天在那个学校参加一些社团。我借给他钱时候也没多想，没想到和他住在一起就是我噩梦的开始，从那开始他就一次一次的向我借钱，然后他又一次又一次信誓旦旦的说还钱，又一次一次可怜巴巴的向我借钱，最后这半年我被他借走了近九千块，我最后算了算这个数字，真是吓了一跳。他总这么拖着，我该怎么办？

问题分析:

“从那开始他就一次一次的向我借钱,然后他又是一次又一次信誓旦旦的说还钱.”

定律:

《太上感应篇》:“祸福无门,惟人自召”,检点自己,心念行为,言语样貌,一切灾祸,都从此起。福是修来的,祸是召来的,福祸和命运,全靠自己心。

“行有不得,反求诸己”。所作所为不能如愿,应从自身找原因。

最佳答案:

“行有不得,反求诸己”。事情到这地步,应从自身找原因。《太上感应篇》:“祸福无门,惟人自召。”你为什么会受骗?一个字:“贪”,也许你认为自己借钱给他怎么还说我“贪”?因为你要给他留下好印象,就会听信他的话,而不再分辨是非真假,而一旦发觉上当受骗又变成怨恨他,所以当你去帮助别人时应该尽力而为,而当别人利用你的善心欺骗你的时候,要能分辨。当你上当的时候就要释然,他还钱是他的良心,他不还钱是他的本质有问题。钱失夫可以再赚来,但交错朋友会毁了你的心智。如果他口头上并不赖账,你可以让他写张欠条,写好还款日期就可以。至于到时是否归还或你要不要他归还,到时主动权全在你手中了。

85

家庭垮了我该怎么办？

提问者：289539787

我今年19岁，家庭一直很好，父母很惯我，可就在年前，母亲得病了，父亲事业也遇到问题，家庭一下垮了。我一直是个穿着打扮很讲究的人，而且交际都是一些爱玩、有钱的人，但是家里真的穷了，还欠账，母亲开了小店，让我去经营，为我谋一生路，可我怎么也拉不下脸。我的3年女友也离开了我，我有点想死啊。我该怎么办？

问题分析：

“家庭垮了，我的3年女友也离开了我，我有点想死啊。”

定律：

《太上感应篇》：“祸福无门，惟人自召”，检点自己，心念行为，言语样貌，一切灾祸，都从此起。福是修来的，祸是召来的，福祸和命运，全靠自己心。

《朱子治家格言》：“伦常乖舛，立见消亡”。违背人伦秩序，马上出现灾殃。

“行有不得，反求诸己”。所作所为不能如愿，应从自身找原因。

最佳答案：

《朱子治家格言》：“伦常乖舛，立见消亡”。违背人伦秩序，马上出现灾殃。

19岁已有3年的女友，交际都是一些爱玩、有钱的人。这些违背人伦秩序的行为，一定会出现灾殃。

“行有不得，反求诸己。”所作所为不能如愿，应从自身找原因。

3年的女友为什么会离开你，因为钱决定了你的生活，你没有自身的能力，没有可以让人爱上你的理由。所以你唯一要做的就是改变思想，自立自强，把小店经营成大超市，做一个真正的男人！

86

朋友开口借款，我该怎么办?

提问者：古典芽

老公的朋友从去年开始，连续向我们借了5次钱。我们真是郁闷啊！我们是滴水恩泉涌报的人，可老是这样我们那受的住啊？我的好朋友仅隔了没2个月,钱没还,又向我开口借2000元。我汗啊，第一次我妈妈知道说：“朋友需要帮助，你当然要给啊。”我直接寄给她了，说定了不要她还！可这一次呢？我还想多存点钱，让我宝贝过来玩，大点过来上学啊。

以前借给别人的钱也被烂账，因为是亲戚，几百元也就忍了，可我不是银行啊，我也是辛苦赚来的啊。还在和她谈钱的事，都不想看聊天记录！不能伤她自尊。这次我说了只给500，还是不用还！也许我想错了，可要是直接借2000元，不知道他什么时间才还得了。

问题分析：

“连续向我们借了5次钱。我们真是郁闷啊！”

定律：

《太上感应篇》:“祸福无门，惟人自召”，检点自己，心念行为，言语样貌，一切灾祸，都从此起。福是修来的，祸是召来的，福祸和命运，全靠自己心。

“行有不得，反求诸己”。所作所为不能如愿，应从自身找原因。

最佳答案：

为什么别人老是盯上你们借钱？古人说的好：“祸福无门，惟人自召。”这祸是你们召来的。借钱不用还，开口就有借，自己生闷气谁知道？产生这样的结果，应从自身寻找原因。帮助别人要有限度，并要与自己能力相符。最好的办法是反过来向她借钱，让她知道你也缺钱花。真正的朋友不和金钱扯上关系，如果不懂你的良苦用心的朋友，只是一味从你那儿索取，这样的朋友只是损友，对你家庭并无好处，不要也罢。

87

赚不到钱女友提出分手怎么办?

提问者：4519142

我是江苏人，她是湖南人，网恋了3个月之后，我找家里拿了5万块骗他们（爷爷奶奶爸爸）说去无锡（我妈妈那）做生意（我父母离异，我跟我爸的，爸爸出国打工了，妈妈在无锡做小三）带上行李来到湖南，决定和她在这边结婚。她从东莞过来，骗她父母说来这边读书，之后我和她同居了，她只要住公寓式房，一直到年底我们都没去工作，每天吃喝玩乐，相处的很好。今年我们来了之后，我和她继续骗着家里，她找了一份工作只做了一个月，我去年带来的5万块就快用完了。因为没钱了她第一次和我提出了分手，我不愿意，哭着抱着她，她心软了，我们还在一起。之后我就让她在家做淘宝，结果2个月只卖出一件衣服，本来压力就大，她还要养狗，我花800元买了只小泰迪，3天后就死了。现在她又提出分手了，我该怎么办？

问题分析：

“我去年带来的5万块就快用完了。”“她又提出分手了。”

定律：

《朱子治家格言》：狎昵恶少，必受其累，颓堕自甘，家道难成。

《淮南子》：无功受禄，大凶之相。

最佳答案：

《淮南子》：“无功受禄，大凶之相。”她要住好的，吃好的，玩好的，没钱了就要提分手，这结果可想而知。而你一个尚未成熟的男人就想治家显然不能！放开她，是你唯一的选择！然后靠自己勤奋努力，有一份稳定的收入，找一个和自己愿意同甘共苦的人共度一生。

88

做什么事情都没有兴趣，我该怎么办？

提问者：hongyin021

做什么事情都没有乐趣，没有热情，工作也是，学习也是，都没有兴趣，不想出家门，天天在家玩电脑，虽然我也知道这样不对，早上起来玩会游戏，然后吃完饭洗完脸刷完牙，电脑都关了，衣服都穿好了就差开门，但是这个节骨眼突然不想出去，突然对外面的世界毫无兴趣，这样也就算了，但是蹲在家里又天天SY，对身心造成很大的影响，我该怎么办？

问题分析：

“突然对外面的世界毫无兴趣”。

定律：

《朱子治家格言》：狎昵恶少，必受其累，颓堕自甘，家道难成。

《淮南子》：无功受禄，大凶之相。

《弟子规》：“非圣书，屏勿视；蔽聪明，坏心志”。即不是圣贤的书籍应该放弃不看，因为书里面不正当的事理会蒙蔽人们的智慧、败坏人们的心志。

最佳答案：

《淮南子》：“无功受禄，大凶之相。”你的父母在外工作挣钱，而你一个人在家里白吃白喝，就是无功受禄，违背天道，必然遭灾祸光临。朱子也说：“狎昵恶少，必受其累，颓堕自甘，家道难成。”颓废和堕落的原因是你没明白生活的意义，这是非常可怕的事情，当一个人对生活失去信心的时候，生命就毫无意义。

《弟子规》：“非圣书，屏勿视；蔽聪明，坏心志”，你天天玩电脑，玩游戏，玩物丧志，败坏了心志，所以建议你看一下视频《圣贤教育改变命运》，你一定会找到答案。

家庭没了我该怎么办？

提问者：913500214

我现在没有一个亲人，母亲很早就去世了，父亲现在也去世了。我爸爸和家里关系不怎么好，我妈妈也是，过年也一直都是自己过的，根本不和家里人联系。我爸爸去世后，没有留下任何东西，房子遗产都没有，我去年刚满十八岁，没工作，没上学，现在真的不知道怎么办了，真的很迷茫，有几次我也想着轻生，但是没有那个勇气，几次都没下得去手，谁能帮帮我，帮我出出主意，告诉我现在该怎么办？

问题分析：

父母双亡，现在真的不知道怎么办了，真的很迷茫。想着轻生也下不了手。

定律：

“行有不得，反求诸己”。所作所为不能如愿，应从自身找原因。

《太上感应篇》：“祸福无门，惟人自召”，检点自己，心念行为，言语样貌，一切灾祸，都从此起。福是修来的，祸是召来的，福祸和命运，全靠自己心。

最佳答案：

对于你去世的父母亲我真的不能过多评说和责难，但你一定要懂得一个人生定律：“祸福无门，惟人自召。”一个人的福祸和命运，全是自己心灵的反应。爱父母、爱亲人、爱子女，如果一样都无法做到，就差毁了你的生命了。即使这样，你仍不能责怪你的父母，你要感恩他们给了你生命。

十八岁，你成年了，虽然你缺乏太多，但只要有信心，一切只是开始。我记得看到过一个老人令人感动的话：如果现在很好，有什么可说的？如果现在一般，不是太差有什么可说的？如果现在很差，不会再差了有什么可说的？

所以信心和对待生活的态度最重要！爱你周边的人，爱你父母亲家里的人，放下自卑，寻求帮助，走出第一步就能一步一步走向你的明天。

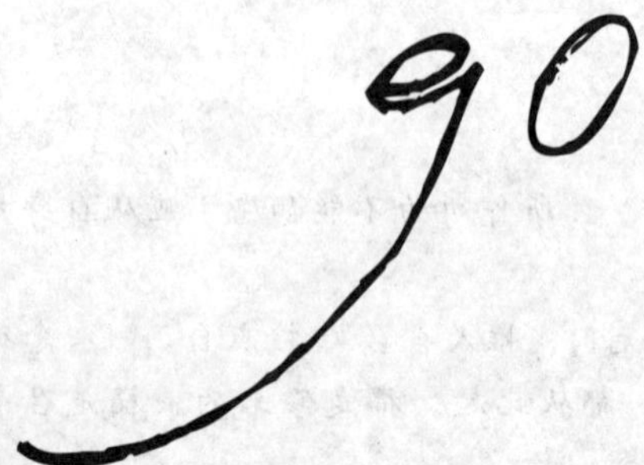

我是个左撇子父母逼我用右手我该怎么办？

提问者：xukailun444ok

我是个左撇子，写字用左手，可是老师，特别是语文老师叫我改成右手，我才不想，还有我父母更牛，叫我两只手都写，我汗，我才13岁，我什么都用左手，唉，我该怎么办？

问题分析：

“我什么都用左手，唉，我该怎么办？”

定律：

自然规律，天道人道，自然本有，并非创造。

最佳答案：

什么都用左手就是左撇子，是与生俱来的，左撇子右脑发达特别聪明，因为现实世界是右撇子的天地，所以左撇子在生活中会碰到种种不便，这是你父母把你的左撇子天性当作陋习纠正的重要原因，但强行纠正左撇子可能产生不利的后果。你可以到图书馆去查看一本书：《左撇子的神奇世界》，里边揭示了左撇子的奥秘，介绍左撇子的特点、起源、左撇子名人、如何教育左撇子、左手用品及世界各国左撇子的活动和自然界的各种左撇子形态，并探讨运动左肢活化右脑的方法，你会从中得到更好的答案。

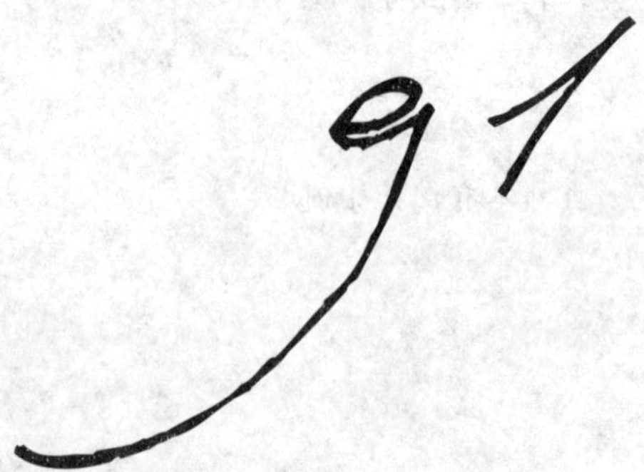

没钱生活了我该怎么办？

提问者：匿名

我跳槽了七家单位，到现在也就只赚了1900块钱，而现在钱也已经用得还只剩20块了。没钱了我又不想找任何人借钱了，因为我已经欠了1500块钱了；我又不敢叫爸妈再打钱过来，因为我今年已经用了他们五、六千了。现在爸妈又知道我跳槽的事情了，正被我气得可能晚上都睡不着了，尤其是我妈妈，不过他们还以为我卡里还是有钱的。可是我再不叫爸妈给我打钱过来的话，我岂不是要饿死街头了？唉，我该怎么办？

问题分析：

“而现在钱也已经用得还只剩20块了，我该怎么办？”

定律：

《淮南子》：无功受禄，大凶之相。

《弟子规》：过能改，归于无；倘掩饰，增一辜。

最佳答案：

你没钱用的就是别人的钱，不管是你借来的还是父母亲给的，《淮南子》：“无功受禄，大凶之相。”如果只知道借而不懂得还，灾难必将出现。

《弟子规》告诉我们，人有罪过不要害怕，只要发誓把它改掉，就会重新成为一个好人，最可怕的是掩盖和回避，拒不认过，这就是民间老话，罪上加罪。你还是认识到自己的问题，向父母亲坦诚说明情况，向父母借钱，并保证归还，用行动证实给父母看，这就是最好的解决方法。

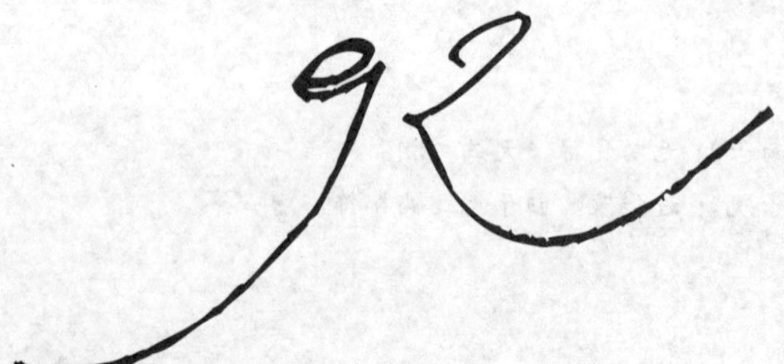

形象差老遭打击我该怎么办?

提问者：不是后来

我希望自己是个潮人、有型，也希望自己日后能有款，能孝顺父母，可是我长得并不好看，皮肤黝黑，在大学期间别人就会打击我，说我不撒尿照照自己。有人说我在大家的心里是一个老头子的形象，我听了心里并不好受，然后我去做了手术，还是得不到别人承认。我修了眉，有人说我比原来还丑，我到底该怎么办呢？连当个班干部，都没人服我，唉！我该怎么办？

问题分析：

“我修了眉，有人说我比原来还丑，我到底该怎么办呢？”

定律：

《弟子规》：闻过怒，闻誉乐；损友来，益友却。

《弟子规》：才大者，望自大；人所服，非言大。

最佳答案：

听到别人说自己的过错就生气，听到别人称赞恭维自己的就高兴。如果这样，对你有害的朋友就会来与你交往，对你有益的朋友就会和你疏远。一个才学丰富的人，名声自然会大。因为人们所佩服的，是有真才实学的人，而不是自吹自擂的人。

所以，不要太在意别人的看法，你不是为别人活而是为自己活，一个人的能量主要来自内心，只有内心强大你才会对别人对你的打击欣然接受。

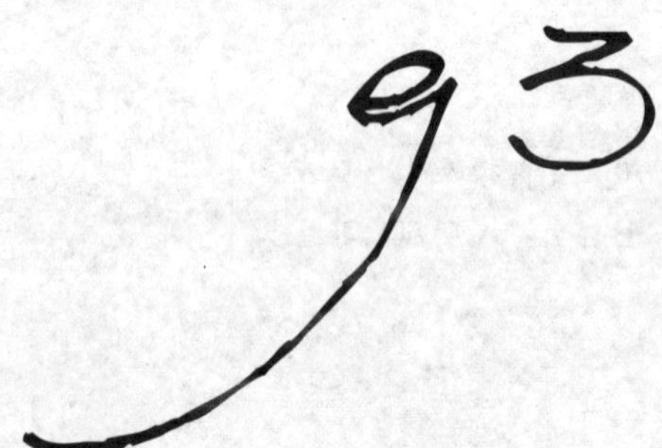

名声坏了我该怎么办？

提问者：石恋-shilian

我的名声已经坏了，别人都以为我是神经病，现在29岁了，找男友也很难找，工作也难找，出去又不可能，你们说我该怎么办？

问题分析：

“我的名声已经坏了，别人都以为我是神经病.”

定律：

《太上感应篇》：“祸福无门，惟人自召，善恶之报，如影随形。”检点自己，心念行为，言语样貌，一切灾祸，都从此起，福是修来的，祸是召来的，福祸和命运，全靠自己心.

最佳答案：

名声为什么会坏？检点自己，心念行为，言语样貌，福是修来的，祸是召来的，福祸和命运，全靠自己心。过去的你无法改变，你也不可能无缘无故就能改变别人对你的看法，所以改变心态才能改变自己，改变自己才能改变别人。从自己做起，从现在做起，做一个真正的人。

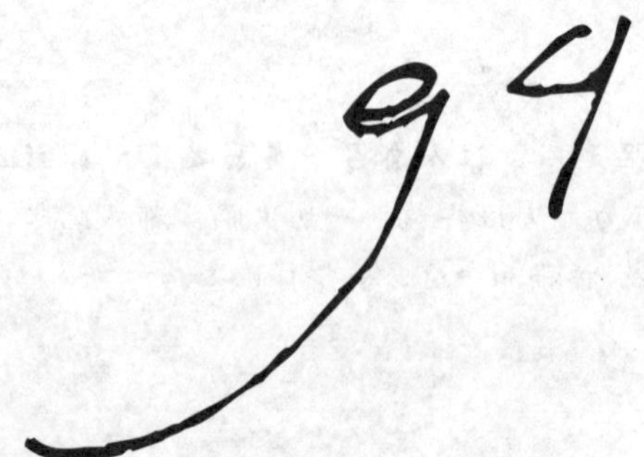

别人总挑衅我我该怎么办?

提问者：匿名

我以前是专门会打架的那种人，你知道那玩意不好混，搞不好就会被别人打得很惨，同样我也能把人打得很惨。那时我才初一，你知道那时青春期比较躁动，而我这人比平常人都叛逆，所以经常和外校、同校的一起打架。以前就是一个混蛋玩意，直到我来到吉林，这是我的转折点，由于父母对我的真情话使我有了改变。所以我从这里开始了新的历程，但是，一直到现在我还啥都不会的，变成全年级40名（年级组一共600人）。women班的人老是说要打谁谁谁，我就想化解一下就说了，然后他们一块说我：你牛B啥？我郁闷，当时火气一下上来了，我现在真踌躇，该不该教训他们？一旦教训，我以前做的什么好事都会被我消光，别人又得说我什么混子啦，怎么办？

问题分析：

“我现在真踌躇，该不该教训他们？”

定律：

《弟子规》：势服人，心不然；理服人，方无言。

用权势去压服人，别人内心不会服从。用道理去说服别人，别人才会无话可说。

最佳答案：

你所要表达的是，你们这些小混混在我面前摆什么谱？我出道时你们还在穿开裆裤呢。你人长大了，也变成熟了，你有必要和一群幼稚的家伙计较吗？那样真贬低了你的智商了，你走你的阳关道就是啦。

我有时不能原谅我妈我该怎么办？

提问者：匿名

大四下学期，我谈恋爱了。他是南方人，我是北方人，一同在南方的一所学校上大学。我对他真心真意，非常爱他，认为他是我的唯一。可是由于我们的性格、思维、脾气不同，我们总是吵架。后来毕业我就回家考研了，我们异地联系，还是吵架。一次争吵后，我打了几次电话他不接就不打了，我妈却拼命地打，导致他受不了关机了。后来他跟我说他现在才发现你妈的脾气比你还急。可我虽然性格没有他理性，爱感情用事，但和我妈的急脾气相比还相差甚远，我有时也受不了我妈的脾气。他却不理解，后来分手了，他还是说有其母必有其女。我总觉得我和他分手其中有我妈的原因，我有时不能原谅我妈，当我妈对我和我爸颐指气使的时候，我觉得很恨她，跟她顶撞，可她毕竟是我妈，我不知道我该怎么办？

问题分析：

“我总觉得我和他分手其中有我妈的原因，我有时不能原谅我妈，当我妈对我和我爸颐指气使的时候，我觉得很恨她。”

定律：

五伦之一：夫妇有别。

《太上感应篇》：“祸福无门，惟人自召。”

五毒之一：怨恨。五毒之心感召灾难。

“行有不得，反求诸己”。

最佳答案：

五伦之一：夫妇有别。当妇作夫事，就是颠倒人伦次序，而你在母亲的言传身教下也会潜移默化，颐指气使别人而毫无察觉。所以男友离开你是感应的结果。但既然如此，把这坏的结果怨恨到妈妈身上是不是就好了呢？不对，五毒之一的“怨恨”会感召灾难，你恨你母亲只能得到更大的不幸。而宽恕别人则能让你找到解决问题的有效途径。

“行有不得，反求诸己”。和男友老吵架已成了你的习惯，即使你没有你母亲那么急躁，也要注意你的言行，先修好你的心，即不急不躁，凡事为对方着想，你的幸福总会向你招手。

我想买车但没钱我该怎么办？

提问者：Q328444298

我是一个打工的，今年已经21岁了，一年的收入大概2万左右，现在已有一年存款，家里还有一栋3层楼没有搞装修，想买辆便宜的车开下，可是家里还没有装修，我不得不打消买车这个念头，但车的诱惑对我太大了，我到底该怎么办。

问题分析：

车的诱惑对我太大了，但钱不够。

定律：

《国语.晋语六》：“吾闻之，唯厚德者能受多福，无福而服众者，必自伤也。”

“德不配位，必有灾殃”：德行与待遇享受不配，必承受不了而受灾殃。

五毒之一：贪婪。五毒之心感召灾难。

最佳答案：

有一句话叫厚德载物，一个人享受的物质条件和他本人的德行是完全匹配的时候，他才能享受，“德不配位，必有灾殃”：德行与待遇享受不配，必承受不了而受灾殃。你在现在的年龄和条件，不是你马上享受的时候。贪婪必将导致灾难。

在车和装修房子这两者之间，有一个权衡点，房子是固定资产，你装修的意义是为了什么？车是易耗品，而且是非常巨大的易耗品，仅靠你一年2万的工资，你即便买得起也养不起，即使你放在家里不开，每年也得浪费近万元。所以如果你不是用车去赚钱，也就完全没有必要去购车，如果你对车有一种特别的喜爱，可以从事卖车、修车的工作，或做出租司机等等，把兴趣和工作结合在一起，是理想的生活。不然的话，就是要能赚到更多的钱才可实现购车的梦想。

网友要和我发生关系我该怎么办？

提问者：匿名

我和他在网上认识的，元旦见的面，我们每天都聊，有次他说想和我发生关系，我当时就和他说了，我想结婚的时候再给他，他昨天又问我了，让我给他一个明确时间，我不知道该怎么回答他，我该怎么办？

问题分析：

“他说想和我发生关系，我当时就和他说了，我想结婚的时候再给他，他昨天又问我了，让我给他一个明确时间。”“我不知道该怎么回答他”。

定律：

感召的真理：苍蝇不叮无缝的蛋。为何喜欢？心灵感召。

“感召”,易经中这样解释：物以类聚，人以群分。

最佳答案：

他的目的很明确，只是性而无爱！你梦想可以和他结婚，可以说是非常天真的想法。你没有明确地拒绝他，就是给他在蛋上留了缝，苍蝇不叮才怪呢！

你必须明确告诉他，不可能。这个人绝对不是你恋爱的对象！否则你必将遭到抛弃，万一怀孕就会酿成更大的身心伤害！

老公加入传销我该怎么办?

提问者：欣诚妈

前段时间老公被一位老乡叫去宁波参加三生培训，回来之后就像变了一个人似的，一心想着挣大钱，而且跟我商量说要拿两万钱去投资。我一听就感觉不对，而且我也咨询过很多朋友都说没听过三生，为了不让他参加培训，我跟他说了很多很多，为了这件事我们已经吵架好几次，而且每次吵架都提到了离婚，我问他是选择三生还是选择这个家，他说选择三生。听到这句我真的想跟他离，可是看到我两个小孩我都不知道到底怎么办好，朋友们都叫我不要管他，有吃有喝就行了，可是我真的做不到不去管他，看着他把自己辛辛苦苦挣的钱就这样被人家给骗了，心里真的很不是滋味，朋友们能告诉我该怎么做吗？

问题分析：

看着他把自己辛辛苦苦挣的钱就这样被人家给骗了，朋友们能告诉我该怎么做吗？

定律：

五毒之一：贪婪、愚痴。五毒之心感召灾难。

最佳答案：

加入传销的人，犯的都是“贪婪、愚痴”的毛病，五毒之心已中两毒，就可以不认亲人了，这是非常可怕的事。但同样解铃还须系铃人，你自己先看一下，“圣贤教育改变命运”的视频，如果自己认同圣贤教育，就可以把他“骗”到“圣贤教育改变命运”的现场，他必将翻然悔悟。

诸法无常
万事无常
万法皆空
因果不空
——《上海大艺术杂志社》副社长陈致陶

【后语】

生活就是没死!

袁洁平

书脱稿后，出版社编辑认为，原来的书名副标题叫“解开人生过程中的101个困惑”不好，101太多了，而且没个性，后来改成“2500年前就有的答案”也不理想，最后我突然想到一句话：“我的天哪，我该怎么办？”这不是问老天要答案吗？书名：《我该怎么办：向老天要答案》就这么顺理成章地出来了，读来朗朗上口，而且此书就是以天道作答，再妙不过。

再看全书总缺点什么，我在朋友同济大学卢韫实博士的微信上看到她的签名：“当你走上不一样的路，你才能看到和别人不一样的风景。”就觉得很好，这不就是生活吗？我这本书写的就是生活，如果把这句话放到书中倒是挺好的，但一句话太单薄，如果书中能有几百个朋友每人写出一句对生活感悟的话，不但能让更多的朋友参与进来，而且能让更多的读者看到别人的思想，看到别人对待生活的一种态度，这才是普通人的人生。

我立即向朋友们发出几百条短信，征集每一个人对生活感悟的一句话，仅仅三天时间，就收到朋友们一百多条回信，给了我非常的支持与帮助，这使我想到我在《走吧走吧、我们出轨去：袁洁平对创意的胡言乱语》一书中写的一句话：如果你真心想做一件事，全世界都会来帮你！不要让你的想法永远只是个想法。

“生活就是没死！”这句话是我朋友王法刚说的。我看到后感到很惊呀，这话太经典也太实在，说到根了。

我女儿就问过我两个难题，一个是：“老妈有一次对我发火，我真的想吐血，但我没血可吐，老爸您说我该怎么办？不要和我讲要忍耐什么的大道理，我要实际一点的。”另一个困惑是：“为什么有钱的人更有钱，没钱的人更没钱？”

天空是蓝色的，天空不总是蓝色的，但我想天空总会是蓝色的！　设计师 潘志敏

人为什么有那么多的困惑？很多人只会抱怨生活，认为老天为什么这么不公平？其实朋友王法刚说的那句“生活就是没死！”就是答案。

如果老天就是你，每天有这么多人说你不公平，甚至于骂你，你是不是也很烦恼？如果你是美国总统，你是不是就没了烦恼？想怎么样就怎么样？不是的！如果你中了5亿大彩，是不是你就活得很开心了？也不是的。

酒桌上闲聊，扯到一个问题：“如果妻子出轨了你会怎么办？”，他们问我，我说你们会怎么办？一个说：我就把她剁了！另一个说：我就把她休了！还有一个说：以牙还牙，我也去搞！最后一个说：看在孩子的面上，还是算了吧。

他们要我给答案，我就说你先看我的书吧。每一个人的境界，对生活的理解会千差万别，考量的指标也会完全不一样，任何一种处理方法从当事人的角度来讲都认为是最正确的，从心出发，心主宰你的思想，思想决定你的态度，态度决定你的行动。因此“心”就是根本！

人很多时候在一瞬间做出的行动是本能，控制这个本能的就是心！容不得你有思考的余地。

当你有“生活就是没死！”的心态，还有什么不可释然？

感谢为此书提供一句生活感悟话的朋友们，感谢为此书写序的顾铭瑞教授，感谢上海三联书店的编辑们，感谢伊诺咖啡总裁费成明先生的赏识，感谢为出版此书作出贡献的所有朋友们，更感谢您耐心地看完这本书，如果有不妥之处请与我交流指正，并将文字发我邮箱：jp_yuan@126.com

我用麦肯国际集团副总裁莫康孙的一句话做结尾：天地有大美，四时有明法，万物有成理，生有涯而知无涯。